pauker.

Abschluss 2022
Realschule Bayern

▲ **Name:** _____

▲ **Schule:** _____

▲ **Klasse:** _____

hutt lernhilfen

Redaktionsadresse:
Unterhäuser Straße 1 · 70597 Stuttgart
T 0711 767150 · F 0711 7671511
info@pauker.de · www.pauker.de

hutt.lernhilfen ist eine Marke der
Bergmoser + Höller Verlag AG
Karl-Friedrich-Straße 76
52072 Aachen

T 0241 93888123
F 0241 93888188
kontakt@buhv.de

Umsatzsteuer-Id.Nr.: DE 123600266
Verkehrsnummer: 10508
Handelsregister Aachen HRB 8580

Vorstand:
Andreas Bergmoser
Peter Tiarks

Aufsichtsratsvorsitz:
Holger Knapp

Autoren:
Günther Wirth, Werner Wirth

Lektorat: Günther Wirth, Werner Wirth

Gestaltung: Hanne Hutt

Umschlag:
Konzeption + Gestaltung:
Hanne Hutt

Fotografie:
Anna Leippe

© Alle Rechte vorbehalten.
Fotomechanische Wiedergabe nur mit
Genehmigung des Herausgebers.

Ausgabe 2021/2022

ISBN: 978-3-88997-836-3

Über diese Lernhilfe

Liebe Schülerin, lieber Schüler,

es gibt keinen Königsweg zur Mathematik. Das wussten schon die alten Griechen. Aber das erfahrene Autorenteam Werner und Günther Wirth erleichtert Ihnen den Zugang zu diesem Fach. Durch ihre jahrelange Arbeit mit Realschülerinnen und Realschülern in Bayern haben sie ein Gespür für die Probleme in Mathematik entwickelt. In dieser Lernhilfe geben sie ihre Erfahrung weiter und helfen Ihnen so bei der gezielten Vorbereitung auf den Realschulabschluss.

Die farbliche Unterscheidung zwischen Trainingsteil und Prüfungen bietet Ihnen zu jeder Zeit einen guten Überblick und erleichtert Ihnen das gezielte Üben. Wichtige Formeln und Regeln sind deutlich hervorgehoben.

Farbleitsystem | Training | Prüfung |

Training
- Alle wichtigen Themenbereiche der Klasse 10
- Basiswissen
- Typische Aufgabenstellungen mit ausführlichen Musterlösungen
- Übungsaufgaben zu jedem Themenbereich
- Verschiedene Schwierigkeitsgrade

Prüfungen
- Originalprüfungen der letzten fünf Jahre
- Formelsammlung sowie Bearbeitungstipps und Lösungshinweise zu jeder Prüfungsaufgabe
- Original-Punkteverteilung

Lösungen
Mit dem separat erhältlichen Lösungsband können Sie Ihre Antworten und Ergebnisse überprüfen. Lösungswege und Lösungsansätze sind darin übersichtlich und leicht nachvollziehbar dargestellt. Zur schnellen Kontrolle sind alle Endergebnisse in den Quickies auf einen Blick zusammengefasst.
Bestellnummer: 82-02-2-22

Das Themenverzeichnis
Dieses Verzeichnis auf den Seiten 7 und 8 dient Ihnen zum schnellen und gezielten Auffinden von themenbezogenen Aufgaben in Mathematik (Flächensätze am rechtwinkligen Dreieck, Vierstreckensatz, quadratische Gleichungen etc.).

Prüfungsinfos und nützliche Tipps
Auf Seite 9 sind alle Prüfungsinfos zusammengestellt. Zudem haben wir für Sie noch zehn nützliche Tipps zum Lösen von Sachaufgaben zusammengestellt.
- Sollten sich nach Drucklegung noch Änderungen ergeben, finden Sie aktuelle Informationen unter www.pauker.de/info-aktuell

Wir wünschen Ihnen viel Erfolg bei allen bevorstehenden Prüfungen und bei Ihrem Abschluss.

Werner und Günther Wirth

Inhaltsverzeichnis

Allgemein
Themenverzeichnis 7
Prüfungsinfos 9
QR-Codes 10

Training
1. Grundlagen 12
2. Lineare Funktionen 19
3. Quadratische Funktionen 24
4. Funktionen der indirekten Proportionalität (Hyperbelfunktionen) 29
5. Exponentialfunktionen – Wachstums- und Abklingprozesse 32
6. Quadratische Gleichungen 36
7. Kreis und Kreisteile 38
8. Flächen (Konstruktion und Berechnung) 42
9. Körper (Konstruktion und Berechnung) 48
10. Berechnungen in Abhängigkeit einer Variablen 51
11. Interpretation von Tabellen, Graphen, Diagrammen und Schaubildern 54
12. Abschließende Aufgaben zur Vorbereitung auf die Abschlussprüfung .. 62

Prüfungen
Prüfung 2017 – Aufgabengruppe A 65
Prüfung 2017 – Aufgabengruppe B 69
Prüfung 2018 – Aufgabengruppe A 73
Prüfung 2018 – Aufgabengruppe B 77
Prüfung 2019 – Aufgabengruppe A 80
Prüfung 2019 – Aufgabengruppe B 84
Prüfung 2020 – Aufgabengruppe A 87
Prüfung 2020 – Aufgabengruppe B 91
Prüfung 2021 – Aufgabengruppe A 94
Prüfung 2021 – Aufgabengruppe B 98
Formelsammlung 101

Extra
„Schule – und dann?" A1

Themenverzeichnis

Durch dieses Verzeichnis ist es möglich, Aufgaben sortiert nach Themengebieten zu suchen. A und B kennzeichnen die jeweilige Aufgabengruppe. Die Ziffern (1/2/3 …) stehen für die Aufgabe.

Grundwissen (Binome, Potenzen, Winkelberechnungen, …)

2017		2018		2019		2020		2021	
Seite	Nr.	Seite	Nr.	Seite	Nr.	Seite	Nr.	Seite	Nr.
68	A3.1	73	A1.3	80	A1.1	92	B2.5		
69	B1.6	74	A2.1	80	A1.2				
70	B2.2	77	B1.1	83	A3.1				
70	B2.3	77	B1.6	84	B1.2				
70	B2.5	78	B2.4						

Prozentrechnen

2017		2018		2019		2020		2021	
Seite	Nr.	Seite	Nr.	Seite	Nr.	Seite	Nr.	Seite	Nr.
65	A1.2	73	A1.3	80	A1.3	92	B2.3	99	B2.6
66	A1.4	76	A3	85	B2.5				
67	A2.4								

Quadratische Gleichungen

2017		2018		2019		2020		2021	
Seite	Nr.	Seite	Nr.	Seite	Nr.	Seite	Nr.	Seite	Nr.
69	B1.4	77	B1.3	82	A2.2	91	B1.3	95	A2.1
69	B1.5							99	B2.6

Lineare Funktionen

2017		2018		2019		2020		2021	
Seite	Nr.	Seite	Nr.	Seite	Nr.	Seite	Nr.	Seite	Nr.
69	B1.1	77	B1.1	82	A2.4				
69	B1.5								

Wertetabellen

2017		2018		2019		2020		2021	
Seite	Nr.	Seite	Nr.	Seite	Nr.	Seite	Nr.	Seite	Nr.
65	A1.1	73	A1.1						
		77	B1.1						

Aufstellen von Parabelgleichungen

2017		2018		2019		2020		2021	
Seite	Nr.	Seite	Nr.	Seite	Nr.	Seite	Nr.	Seite	Nr.
69	B1.1	77	B1.1			91	B1.1		

Scheitelform – allgemeine Form

2017		2018		2019		2020		2021	
Seite	Nr.	Seite	Nr.	Seite	Nr.	Seite	Nr.	Seite	Nr.
						91	B1.1		

Wachstum und Zerfall

2017		2018		2019		2020		2021	
Seite	Nr.	Seite	Nr.	Seite	Nr.	Seite	Nr.	Seite	Nr.
65	A1	73	A1			87	A1.1		
						87	A1.2		
						87	A1.3		
						87	A1.4		

Zeichnen von Graphen, Konstruktionen im Koordinatensystem

2017		2018		2019		2020		2021	
Seite	Nr.	Seite	Nr.	Seite	Nr.	Seite	Nr.	Seite	Nr.
65	A1.1	73	A1.1	81	A2.1				
69	B1.1	77	B1.1						
		77	B1.2						

Berechnungen in Abhängigkeit einer Variablen

2017		2018		2019		2020		2021	
Seite	Nr.	Seite	Nr.	Seite	Nr.	Seite	Nr.	Seite	Nr.
69	B1.3	77	B1.4	85	B2.4			96	A2.3
69	B1.4	77	B1.5					99	B2.5

Berechnungen im Koordinatensystem

2017		2018		2019		2020		2021	
Seite	Nr.	Seite	Nr.	Seite	Nr.	Seite	Nr.	Seite	Nr.
69	B1.3	77	B1.4	82	A2.3	91	B1.2		
69	B1.4	77	B1.5			91	B1.5		
69	B1.5								

Extremwertbestimmung

2017		2018		2019		2020		2021	
Seite	Nr.	Seite	Nr.	Seite	Nr.	Seite	Nr.	Seite	Nr.
		77	B1.6	85	B2.5			96	A2.4

A = Aufgabengruppe   B = Aufgabengruppe B

Trigonometrische Berechnungen am rechtwinkligen Dreieck

2017		2018		2019		2020		2021	
Seite	Nr.	Seite	Nr.	Seite	Nr.	Seite	Nr.	Seite	Nr.
66	A2.1	74	A2.1	84	B1.3	89	A2.2	94	A1.1
67	A2.3	75	A2.3	84	B1.5	89	A2.3	98	B1.1
70	B2.2	76	A3.1	85	B2.1	91	B1.6	99	B2.2
70	B2.5	77	B1.4			92	B2.2		
		78	B2.1			92	B2.3		
		78	B2.4			92	B2.5		
						92	B2.6		

Trigonometrische Berechnungen am beliebigen Dreieck

2017		2018		2019		2020		2021	
Seite	Nr.	Seite	Nr.	Seite	Nr.	Seite	Nr.	Seite	Nr.
68	A3.1	74	A2.1	84	B1.1	89	A2.2	98	B1.3
70	B2.2	75	A2.2	85	B2.3	90	A3.2	99	B2.3
70	B2.3	75	A2.3						
		78	B2.2						
		78	B2.4						

Berechnungen an Dreiecken und Vierecken

2017		2018		2019		2020		2021	
Seite	Nr.	Seite	Nr.	Seite	Nr.	Seite	Nr.	Seite	Nr.
67	A2.4	75	A2.2	84	B1.3	89	A2.2		
		77	B1.6			91	B1.4		
		78	B2.2						

Berechnungen am Kreis

2017		2018		2019		2020		2021	
Seite	Nr.	Seite	Nr.	Seite	Nr.	Seite	Nr.	Seite	Nr.
68	A3.2	75	A2.3	84	B1.4			94	A1.1
70	B2.6							98	B1.5

Berechnungen an zusammengesetzten Flächen

2017		2018		2019		2020		2021	
Seite	Nr.	Seite	Nr.	Seite	Nr.	Seite	Nr.	Seite	Nr.
68	A3	76	A3	84	B1.5	92	B2.1	94	A1.2
70	B2.6					92	B2.3	98	B1.2

Konstruktionen (Dreieck, Vierecke, Kreis)

2017		2018		2019		2020		2021	
Seite	Nr.	Seite	Nr.	Seite	Nr.	Seite	Nr.	Seite	Nr.
70	B2.1	75	A2.3	84	B1.4			98	B1.1
70	B2.4								

Vierstreckensatz

2017		2018		2019		2020		2021	
Seite	Nr.	Seite	Nr.	Seite	Nr.	Seite	Nr.	Seite	Nr.
67	A2.3	76	A3.1	83	A3.1	88	A2.1	98	B1.4
		78	B2.3	85	B2.4	90	A3.1	99	B2.5

Flächensätze am rechtwinkligen Dreieck

2017		2018		2019		2020		2021	
Seite	Nr.	Seite	Nr.	Seite	Nr.	Seite	Nr.	Seite	Nr.
66	A2.1	74	A2.1	85	B2.1	88	A2.1	98	B1.1
67	A2.4	77	B1.4					99	B2.2
		78	B2.2						

Schrägbilder

2017		2018		2019		2020		2021	
Seite	Nr.	Seite	Nr.	Seite	Nr.	Seite	Nr.	Seite	Nr.
66	A2.2	78	B2.2	85	B2.2			99	B2.1

Zylinder

2017		2018		2019		2020		2021	
Seite	Nr.	Seite	Nr.	Seite	Nr.	Seite	Nr.	Seite	Nr.
						83	A3.2		

Pyramide

2017		2018		2019		2020		2021	
Seite	Nr.	Seite	Nr.	Seite	Nr.	Seite	Nr.	Seite	Nr.
66	A2	78	B2.4			89	A2.3	99	B2.2
								99	B2.4

Kegel

2017		2018		2019		2020		2021	
Seite	Nr.	Seite	Nr.	Seite	Nr.	Seite	Nr.	Seite	Nr.
		76	A3	83	A3.2			99	B2.5

Kugel

2017		2018		2019		2020		2021	
Seite	Nr.	Seite	Nr.	Seite	Nr.	Seite	Nr.	Seite	Nr.
		76	A3						

Zusammengesetzte Körper

2017		2018		2019		2020		2021	
Seite	Nr.	Seite	Nr.	Seite	Nr.	Seite	Nr.	Seite	Nr.
		76	A3	83	A3.2			97	A3

Interpretation von Diagrammen, Tabellen, Graphen

2017		2018		2019		2020		2021	
Seite	Nr.	Seite	Nr.	Seite	Nr.	Seite	Nr.	Seite	Nr.
65	A1.1	73	A1.1	85	B2.6	87	A1.3		

A = Aufgabengruppe A   B = Aufgabengruppe B

Prüfungsinfos

Inhalt

Aufgabengruppe A	Geodreieck, Zirkel, Parabelschablone, zugelassene Formelsammlung, zugelassener Taschenrechner	150 Minuten	54 Punkte
Aufgabengruppe B			

Die Prüfung besteht aus zwei Teilen. Der erste Teil umfasst zwei kürzere und eine längere Aufgabe, in denen Grundfertigkeiten abgefragt werden. Im zweiten Teil müssen dann komplexere Aufgabenstrukturen gelöst werden. Es ist wichtig, sich die Zeit gut einzuteilen, damit kein Zeitdruck entsteht.

Themen der einzelnen Aufgaben

▶ Lineare und quadratische Funktionen und Gleichungen
▶ Lineare Gleichungssysteme
▶ Einfache Hyperbeln und Exponentialfunktionen
▶ Zeichnen von Dreiecken, Vierecken, Schrägbildern und Axialschnitten
▶ Trigonometrie in der Ebene und im Raum
▶ Flächeninhalte von Dreiecken und Vierecken
▶ Berechnung an Kreisteilen
▶ Volumen von Pyramiden, Prismen und Rotationskörpern

Berechnung der Gesamtnote

Die Gesamtnote setzt sich aus der Jahresfortgangsnote und der Prüfungsnote zusammen, wobei in der Regel die Prüfungsnote überwiegt.

Es wird darauf hingewiesen, dass – wie bereits in den letzten Jahren – halbe Punkte bei der Bewertung der schriftlichen Abschlussprüfung in Mathematik II/III stets <u>abzurunden</u> sind.

QR-Codes im Trainingsteil

Dem QR-Code (Quick Response) sind Informationen, Bilder, Videos oder Hördateien hinterlegt. Alle Inhalte sind lediglich zur Auflockerung des Lernalltags gedacht und verschaffen keinem Schüler einen Vorteil.

Die QR-Codes in diesem Buch sind nummeriert. Für alle, die kein Smartphone besitzen, haben wir im Folgenden hinter jeder QR-Code-Nummer die entsprechende Internetadresse aufgeführt, unter der die jeweiligen Inhalte abrufbar sind.

(1) http://www.pauker.de/qrdb/i.php?qr=LcFoePa
(2) http://www.pauker.de/qrdb/i.php?qr=ck9hDrY
(3) http://www.pauker.de/qrdb/i.php?qr=VQqmKHr

Training

Die Abschlussprüfung

Es gibt in der Mathematik-Prüfung für den Realschulabschluss charakteristische Aufgaben, die sich in ähnlicher Form alljährlich wiederholen. All diese Aufgaben lassen sich im Wesentlichen in die in diesem Trainingsteil dargestellten Themenbereiche eingliedern. Jeder dieser Bereiche ist in vier Teile gegliedert. Die Aufgaben des letzten Kapitels können Sie erst bearbeiten, wenn der gesamte Jahresstoff behandelt ist.

1. **Basiswissen**
   Darin finden Sie die wichtigsten Formeln und Gesetze, die als Grundwissen vorausgesetzt werden und zum Lösen der Aufgaben unbedingt erforderlich sind.

2. **Typische Aufgabenstellung**
   So könnte eine Aufgabe aussehen. Sie wird sehr ausführlich, teilweise mit mehreren Lösungswegen, vorgerechnet.

3. **Übungsaufgaben**
   Anhand von sechs Übungsaufgaben pro Thema können Sie überprüfen, ob Ihr Grundwissen und Ihre mathematischen Fertigkeiten ausreichen, alle gestellten Aufgaben zu bearbeiten.

4. **Lösungen** (im separaten Lösungsband)
   Alle Übungsaufgaben werden in leicht nachvollziehbaren Lösungsschritten vorgerechnet. Viele hilfreiche Tipps erleichtern die Lösungsfindung bei ähnlichen Aufgaben.

10 Tipps zum Lösen von Sachaufgaben

1. Lesen Sie den Text genau durch, eventuell sogar mehrmals.
2. Überlegen Sie, ob Sie eine ähnliche Aufgabe schon einmal gelöst haben.
3. Überlegen Sie, was gegeben ist und was gesucht wird.
4. Prüfen Sie, ob alle Größen in der gleichen Einheit angegeben sind.
5. Überlegen Sie, ob eine Skizze oder Tabelle hilfreich sein kann.
6. Denken Sie nach, welche Formeln Sie verwenden können.
7. Zerlegen Sie den Rechenweg in kleine Rechenschritte.
8. Notieren Sie die berechneten Zwischenergebnisse.
9. Machen Sie eine Probe, wenn noch genügend Zeit bleibt.
10. Formulieren Sie das Ergebnis als Antwortsatz.

1. Grundlagen

Basiswissen

Rechnen mit Einheiten

Längeneinheiten

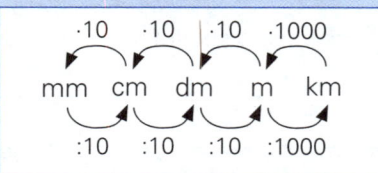

·10 ·10 ·10 ·1000
mm cm dm m km
:10 :10 :10 :1000

Flächeneinheiten

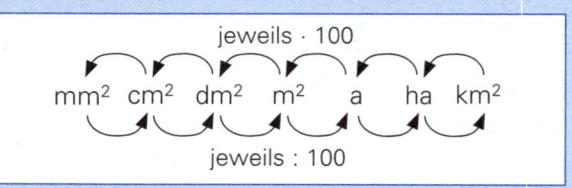

jeweils · 100
mm² cm² dm² m² a ha km²
jeweils : 100

Raumeinheiten

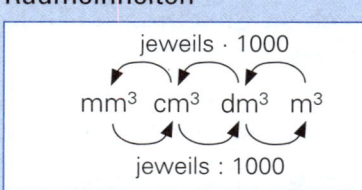

jeweils · 1000
mm³ cm³ dm³ m³
jeweils : 1000

Hohlmaße

1000 ml = 1 l
100 cl = 1 l
100 l = 1 hl

Zusammenhang

1 cm³ = 1 ml
1 dm³ = 1 l
1 m³ = 1000 l
100 dm³ = 1 hl

Gewichtseinheiten

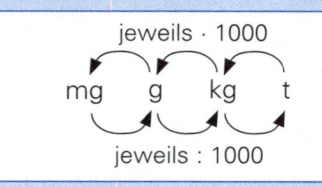

jeweils · 1000
mg g kg t
jeweils : 1000

Zeiteinheiten

1 d = 24 h
1 h = 60 min
1 min = 60 s

Brüche und Prozente

$\frac{1}{100} \triangleq 1\%$	$\frac{1}{3} \triangleq 33{,}33\%$	$\frac{5}{8} \triangleq 62{,}5\%$
$\frac{1}{10} \triangleq 10\%$	$\frac{3}{8} \triangleq 37{,}5\%$	$\frac{2}{3} \triangleq 66{,}67\%$
$\frac{1}{8} \triangleq 12{,}5\%$	$\frac{2}{5} \triangleq 40\%$	$\frac{3}{4} \triangleq 75\%$
$\frac{1}{5} \triangleq 20\%$	$\frac{1}{2} \triangleq 50\%$	$\frac{4}{5} \triangleq 80\%$
$\frac{1}{4} \triangleq 25\%$	$\frac{3}{5} \triangleq 60\%$	$1 \triangleq 100\%$

Basiswissen

Distributivgesetz

$$a \cdot (bx - cy - dz) = abx - acy - adz$$

Eine Klammer wird mit einem Faktor multipliziert, indem man jedes Glied der Klammer mit dem Faktor multipliziert. Vorzeichenregeln beachten!

Ausklammern

$$ax^2 + a^2xy - ax = ax(x + ay - 1)$$

Besitzen alle Summanden den gleichen Faktor, so kann man diesen vor eine Klammer setzen.

Klammer · Klammer

$$(a + b) \cdot (c - d) = ac - ad + bc - bd$$

Jedes Glied der ersten Klammer wird mit jedem Glied der zweiten Klammer unter Beachtung der Vorzeichenregeln multipliziert.

Vorzeichenregeln bei zwei Faktoren

Multiplikation

$(+) \cdot (+) \Rightarrow (+)$
$(+) \cdot (-) \Rightarrow (-)$
$(-) \cdot (+) \Rightarrow (-)$
$(-) \cdot (-) \Rightarrow (+)$

Division

$(+) : (+) \Rightarrow (+)$
$(+) : (-) \Rightarrow (-)$
$(-) : (+) \Rightarrow (-)$
$(-) : (-) \Rightarrow (+)$

Merkregel
Zwei gleiche Zeichen ergeben plus, zwei verschiedene Zeichen ergeben minus.

Vorzeichenregeln bei mehreren Faktoren

Gerade Anzahl von Minuszeichen $\Rightarrow$ positives Ergebnis
Ungerade Anzahl von Minuszeichen $\Rightarrow$ negatives Ergebnis

Produktwert Null

$$a \cdot b = 0 \Rightarrow a = 0 \text{ oder } b = 0$$

Ein Produkt hat den Wert Null, wenn ein Faktor den Wert Null hat.

Binomische Formeln

$(a + b)^2 = a^2 + 2ab + b^2$	1. Binom
$(a - b)^2 = a^2 - 2ab + b^2$	2. Binom
$(a + b)(a - b) = a^2 - b^2$	3. Binom

Basiswissen

Rechnen mit Potenzen

$a^m \cdot a^n = a^{m+n}$
$a^m : a^n = a^{m-n}$
$a^n \cdot b^n = (a \cdot b)^n$
$\dfrac{a^n}{b^n} = \left(\dfrac{a}{b}\right)^n$
$(a^m)^n = a^{m \cdot n}$
$a^1 = a$
$a^0 = 1$
$a^{-n} = \dfrac{1}{a^n} \quad \left(\dfrac{a}{b}\right)^{-n} = \left(\dfrac{b}{a}\right)^n$
$(-a)^n = a^n$, wenn n gerade
$(-a)^n = -a^n$, wenn n ungerade

Rechnen mit Wurzeln

$a, b \in \mathbb{R}_0^+$
$\sqrt[2]{a} = \sqrt{a}$ verkürzte Schreibweise
$(\sqrt{a})^2 = a$
$\sqrt{a} \cdot \sqrt{b} = \sqrt{a \cdot b}$
$\dfrac{\sqrt{a}}{\sqrt{b}} = \sqrt{\dfrac{a}{b}} \quad b > 0$
$(\sqrt{a})^n = \sqrt{a^n}$
$\sqrt{a} = a^{\frac{1}{2}}$
$\sqrt[n]{a} = a^{\frac{1}{n}}$
$\sqrt[n]{a^m} = a^{\frac{m}{n}}$

Rechnen mit Zehnerpotenzen

Sehr kleine und sehr große Zahlen schreibt man als Produkt aus einer Dezimalzahl a (1 < a < 10) und einer Zehnerpotenz: $\boxed{a \cdot 10^n}$

Zahl in herkömmlicher Schreibweise		Zahl in Schreibweise mit Zehnerpotenz
Komma nach links	⟶	positiver Exponent
1 400 000	⟶	$1{,}4 \cdot 10^6$
Komma nach rechts	⟶	negativer Exponent
0,000213	⟶	$2{,}13 \cdot 10^{-4}$

Gleichungen – Ungleichungen

Eine **Gleichung** wird so lange umgeformt, bis die Unbekannte (Variable) alleine auf einer Seite steht. Dies geschieht mit der **beidseitigen** Addition, Subtraktion, Multiplikation, Division.

Beachten Sie bei der Äquivalenzumformung folgende Reihenfolge

Schritt ①: So weit wie möglich vereinfachen und zusammenfassen.
Schritt ②: Zuerst die Umformung mithilfe der Addition bzw. Subtraktion.
Schritt ③: Dann die Umformung mithilfe der Multiplikation bzw. Division.

Bei einer **Ungleichung** gelten die gleichen Lösungsschritte ① bis ③.
Beim Lösungsschritt ③ das **Inversionsgesetz** beachten:

$a < b \;|\; \cdot (-c) \;\Rightarrow\; -a \cdot c > -b \cdot c$
$a < b \;|\; : (-c) \;\Rightarrow\; -\dfrac{a}{c} > -\dfrac{b}{c}$

Das Zeichen wird umgekehrt!

Basiswissen

Lineare Gleichungssysteme mit zwei Variablen

Es gibt insgesamt fünf Lösungsverfahren:

Graphisches Verfahren	Die beiden Gleichungen werden als Geradengleichungen betrachtet und in die Normalform y = mx + t übergeführt. Die Koordinaten des Schnittpunktes der beiden Geraden bildet das Lösungspaar $\mathbb{L} = \{(x \mid y)\}$.
Gleichsetzverfahren	Beide Gleichungen werden nach einer Variablen aufgelöst und dann gleichgesetzt. Man erhält eine Gleichung mit einer Variablen. Den errechneten Wert dieser Variablen setzt man dann in eine der beiden Gleichungen ein und errechnet den Wert der zweiten Variablen.
Einsetzverfahren	Eine Gleichung wird nach einer Variablen aufgelöst. Diese setzt man in die andere Gleichung ein und man erhält eine Gleichung mit einer Variablen. Den berechneten Wert dieser Variablen setzt man dann wieder in die erste Gleichung ein und errechnet den Wert der zweiten Variablen.
Additionsverfahren	Beide Gleichungen werden übersichtlich nach Variablen geordnet untereinander geschrieben. Durch geschicktes Multiplizieren müssen bei **einer** Variablen in beiden Gleichungen die gleichen Beizahlen mit **verschiedenen Vorzeichen** stehen. Durch Addition der beiden Gleichungen entfällt diese Variable und man kann die zweite Variable berechnen. Den berechneten Wert dieser Variablen setzt man in eine der beiden Gleichungen ein und errechnet dann den Wert der zweiten Variablen.
Determinantenverfahren	Die Lösungsformeln stehen in jeder Formelsammlung. $\mathbb{L} = \left\{\left(\dfrac{D_x}{D_N} \mid \dfrac{D_y}{D_N}\right)\right\}$

Tipp: Wenden Sie stets das Verfahren an, das Ihnen am sinnvollsten erscheint!

Prozentrechnung

Aufgaben mit Prozentrechnung werden mit dem Dreisatz, mit quotientengleichen Zahlenpaaren oder mit entsprechenden Formeln gelöst.

Dreisatz

Mehrheit → Schluss auf → Einheit → Schluss auf → neue Mehrheit

Quotientengleiche Zahlenpaare

$$\frac{\text{Prozentsatz p}}{100} = \frac{\text{Prozentwert PW}}{\text{Grundwert GW}}$$

Formeln

$GW = \dfrac{PW \cdot 100}{p}$ $PW = \dfrac{GW \cdot p}{100}$ $p = \dfrac{PW \cdot 100}{GW}$

Training

Typische Aufgabenstellung

Aufgabe 1

$$\frac{3(-12x-16)}{8} - \frac{1}{2}x^2 > 12{,}75 - \frac{1}{2} \cdot (x-2)^2 \qquad \mathbb{G} = \mathbb{N}$$

Lösung

$$\begin{aligned} \frac{3 \cdot (-12x-16)}{8} - \frac{1}{2}x^2 &> 12{,}75 - \frac{1}{2} \cdot (x-2)^2 & &|\cdot 8 \\ 3(-12x-16) - 4x^2 &> 102 - 4 \cdot (x-2)^2 \\ -36x - 48 - 4x^2 &> 102 - 4(x^2 - 4x + 4) \\ -36x - 48 - 4x^2 &> 102 - 4x^2 + 16x - 16 & &|+4x^2 \\ -36x - 48 &> 16x + 86 & &|-16x \quad |+48 \\ -52x &> 134 & &|:(-52) \\ x &< -2{,}58 & &\boxed{\text{Inversionsgesetz!}} \end{aligned}$$

$$\Rightarrow \mathbb{L} = \{\,\}$$

Aufgabe 2

Ein Geschäftsmann muss wegen gestiegener Herstellungskosten den Preis eines Artikels von ursprünglich 450 € um 8% erhöhen. Nach dieser Preiserhöhung sinken die Verkaufszahlen. Der Geschäftsmann entschließt sich deshalb, den Preis wieder zu senken und 10% unter dem ursprünglichen Preis anzubieten. Um wie viel Prozent muss er den um 8% erhöhten ursprünglichen Preis wieder senken?

Lösung

1. Schritt:
Berechnung des um 8% erhöhten Preises. Der neue Preis beträgt dann 108% des ursprünglichen Preises.

Dreisatz:

$:100 \begin{pmatrix} 100\% \triangleq 450\ \text{€} \\ 1\% \triangleq \frac{450\ \text{€}}{100} = 4{,}50\ \text{€} \\ 108\% \triangleq 4{,}50\ \text{€} \cdot 108 \\ \qquad\quad = 486\ \text{€} \end{pmatrix} :100$

$\cdot 108 \qquad\qquad\qquad\qquad\qquad\qquad\quad \cdot 108$

Formel:

$$PW = \frac{GW \cdot p}{100}$$

$$PW = \frac{450\ \text{€} \cdot 108}{100}$$

$$PW = 486\ \text{€}$$

Quotientengleichheit:

$$\frac{PW}{GW} = \frac{p}{100} \qquad |\cdot GW$$

$$PW = \frac{p \cdot GW}{100}$$

$$PW = \frac{108 \cdot 450\ \text{€}}{100}$$

$$PW = 486\ \text{€}$$

Der neue Preis beträgt 486 €.

2. Schritt:
Berechnung des um 10% verminderten ursprünglichen Preises.
10% von 450 € sind 45 €   450 € – 45 € = 405 €

3. Schritt:
Berechnung des Differenzbetrages (um 8% erhöhter Preis minus geplanter neuer Preis).
486 € – 405 € = 81 €

Der Artikelpreis wird um 81 € gesenkt.

4. Schritt:

Berechnung des Prozentsatzes. Der Grundwert ist jetzt 486 €.

Dreisatz:

: 486 (486 € ≙ 100%) : 486
· 81   (1 € ≙ $\frac{100\%}{486}$) · 81
       81 € ≙ $\frac{100\% \cdot 81}{486}$
            = 16,67%

Formel:

$p = \frac{PW \cdot 100}{GW}$

$p = \frac{81 € \cdot 100}{486 €}$

$p = 16,67$

Der Preis des Artikels wird um 16,67% gesenkt.

Beachten Sie beim Rechnen mit dem Dreisatz:
In der ersten Zeile die gesuchte Größe stets an die zweite Stelle setzen.

Übungsaufgaben

Aufgabe 1

Setzen Sie in den Platzhalter die richtige Zahl $\in \mathbb{Z}$.

a) $3500 \cdot 10^6 \cdot 10^{-11} = 3{,}5 \cdot 10^{\square}$

b) $0{,}0017 : 10^{-5} = 1{,}7 \cdot 10^{\square}$

c) Schreiben Sie den 1000. Teil von 0,00023 in der Form $a \cdot 10^n$, wobei $1 < a < 10$ und $n \in \mathbb{Z}$ ist.

Aufgabe 2

a) Berechnen Sie und fassen Sie so weit wie möglich zusammen.

$\left(4x - \frac{1}{2}\right)^2 - 4 \cdot (2x - 4) \cdot (2x + 4) + 4x$

b) Setzen Sie in die Platzhalter die richtigen Terme ein.

$(\bigcirc - \square)^2 = \frac{25}{4}x^2 - 4xy + \langle\rangle$

Aufgabe 3

In der Rechnung sind fünf Fehler. Streichen Sie zuerst alle Fehler an und rechnen Sie dann richtig.

$-3 \cdot (x - 5) - \frac{1}{2} \cdot (x + 2) < (8x - 3) : (-2) - (-2x + 3)$

$-3x + 15 - \frac{1}{2}x - 1 < 4x + 1{,}5 + 2x - 3$

$\quad -\frac{3}{2}x + 14 < 6x - 1{,}5 \qquad | -6x$

$\quad -\frac{9}{2}x + 14 < -1{,}5 \qquad | -14$

$\qquad -\frac{9}{2}x < -15{,}5 \qquad | +\frac{9}{2}$

$\qquad\qquad x > -11$

Training

Aufgabe 4

Lösen Sie die Formeln nach der angegebenen Größe auf.

a) $V = \frac{1}{3} r^2 \pi \cdot h$ $\Rightarrow r =$

b) $A = \frac{g_1 + g_2}{2} \cdot h$ $\Rightarrow g_2 =$

c) $O = 2 \cdot (a \cdot b + a \cdot c + b \cdot c)$ $\Rightarrow b =$

d) $\cos \alpha = \frac{1}{\sqrt{1 + \tan^2 \alpha}}$ $\Rightarrow \tan \alpha =$

Aufgabe 5

a) Berechnen Sie die Lösungsmenge des Gleichungssystems nach dem Verfahren, das Ihnen am günstigsten erscheint.

(1) $-3x + 2y = -14$
∧ (2) $4y - 12 = x$

b) Lösen Sie mit dem Additionsverfahren.

(1) $x - 3y + 10 = 0$
∧ (2) $4y - 3x = -20$

Aufgabe 6

a) Berechnen Sie jeweils die fehlenden Werte.

	Grundwert GW	Prozentwert PW	Prozentsatz p
I.	240 €		2,5
II.	800 l	120 l	
III.		45 m²	3

b)

	Einzeln je Stück	Anzahl pro Pack	Preisnachlass
Stift	35 ct	15 Stück	12%
Heft	60 ct	12 Stück	8%

Stefan kauft im Schreibwarengeschäft 15 Stifte und 12 Hefte im Pack.
Wie viel hat er im Vergleich zum Einzelpreis gespart?

c) Eine Person A hat den doppelten Geldbetrag wie eine Person B. Die Person A bekommt einen beliebigen Prozentsatz mehr, die Person B bekommt den doppelten Prozentsatz mehr.
Haben dann beide den gleichen Geldbetrag?

 I. Entscheiden Sie ohne Rechnung innerhalb von fünf bis zehn Sekunden.
 II. Berechnen Sie anhand von zwei Beispielen.
 III. Berechnen Sie allgemein.

2. Lineare Funktionen

Basiswissen

Der Graph einer linearen Funktion ist eine **Gerade**.

Allgemeine Form

$$ax + by + c = 0 \longrightarrow y = mx + t$$

wobei m die **Steigung** und t der **Achsenabschnitt** (Ordinatenabschnitt) ist.

Steigung m zwischen zwei Punkten:

$$m = \frac{y_2 - y_1}{x_2 - x_1} \qquad m = \tan \alpha$$

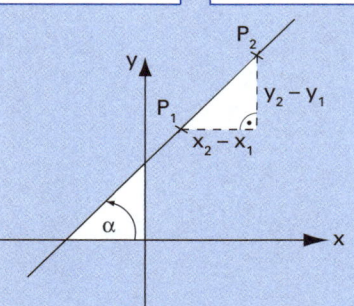

Punkt-Steigungsform

$$y = m(x - x_1) + y_1 \quad \text{bzw.} \quad \frac{y - y_1}{x - x_1} = m \quad P_1 \in g$$

Parallele Geraden

$$g_1 \parallel g_2 \Leftrightarrow m_1 = m_2$$

Senkrechte Geraden

$$g_1 \perp g_2 \Leftrightarrow m_2 = -\frac{1}{m_1}$$
$$\text{bzw.}$$
$$m_1 \cdot m_2 = -1$$

Typische Aufgabenstellung

A (−2 | 1), B (2 | 2), C (1,5 | −1), D (2 | −2,5), g_2: x − 5y − 12 = 0

Aufgabe 1

Bestimmen Sie die Gleichung der Geraden g_1, die durch die Punkte A und B verläuft.

Lösung

Zuerst wird die Steigung m berechnet: $\quad m = \dfrac{2 - 1}{2 + 2} = \dfrac{1}{4} \qquad g_1: y = \dfrac{1}{4}x + t$

Jetzt wird einer der beiden Punkte A oder B eingesetzt:

$B \in g_1: \quad 2 = \dfrac{1}{4} \cdot 2 + t$

$\qquad\qquad 2 = \dfrac{1}{2} + t \qquad | -\dfrac{1}{2}$

$\qquad\qquad t = 1,5 \qquad \Rightarrow g_1: y = \dfrac{1}{4}x + 1,5$

Training

Aufgabe 2

Zeichnen Sie A, B, C, g_1 und g_2 in ein Koordinatensystem.

Lösung

Zuerst muss die Normalform von g_2 bestimmt werden.

$x - 5y - 12 = 0$ $\quad | -x + 12$
$\quad -5y = -x + 12$ $\quad | :(-5)$
$\quad g_2: y = \frac{1}{5}x - 2{,}4$

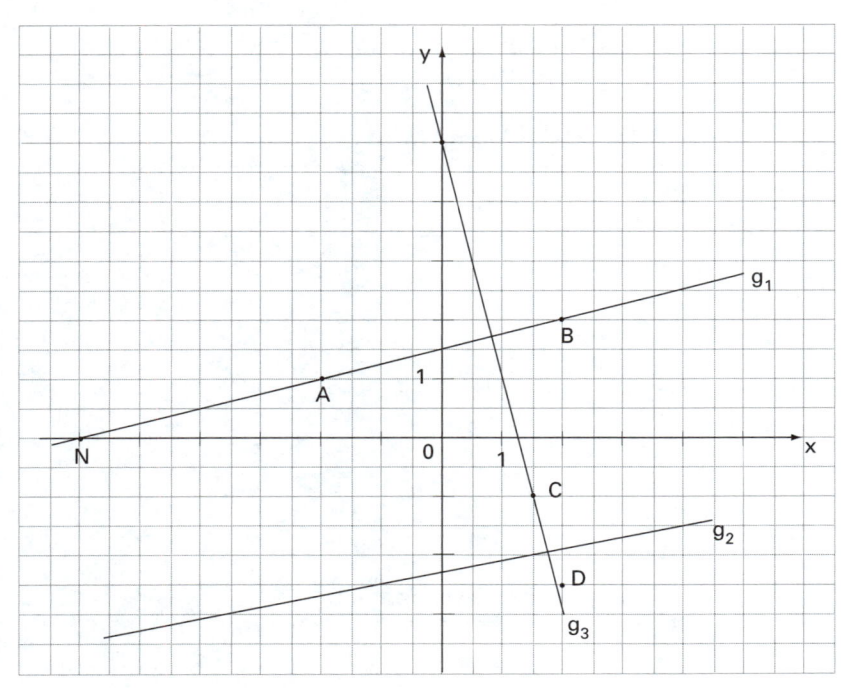

Aufgabe 3

Überprüfen Sie, ob g_2 parallel zu g_1 ist.

Lösung

$m_1 = \frac{1}{4}, \quad m_2 = \frac{1}{5}$

$\Rightarrow m_1 \neq m_2 \Rightarrow g_1$ und g_2 sind nicht zueinander parallel.

Aufgabe 4

Bestimmen Sie die Gleichung von g_3, für die gilt:
$g_3 \perp g_1$ und $C \in g_3$. Zeichnen Sie g_3 in das Koordinatensystem.

Lösung

$m_{g_1} = \frac{1}{4} \quad \Rightarrow \quad m_{g_3} = -4$

$g_3: y = -4x + t$

C in g_3 eingesetzt:

$-1 = -4 \cdot 1{,}5 + t$

$t = 5 \quad \Rightarrow \quad g_3: y = -4x + 5$

Aufgabe 5

Überprüfen Sie durch Zeichnung und Rechnung, ob der Punkt D auf g_3 liegt.

Lösung

Durch Zeichnung ist es nicht eindeutig feststellbar. Die Koordinaten von D werden in die Geradengleichung von g_3 eingesetzt:

$-2,5 = -4 \cdot 2 + 5$
$-2,5 = -3$ (f) $\Rightarrow$ $D \notin g_3$

Aufgabe 6

Berechnen Sie den Schnittpunkt N der Geraden g_1 mit der x-Achse.
Ergänzen Sie den Punkt N im Koordinatensystem.

Lösung

Der Schnittpunkt mit der x-Achse heißt **Nullstelle**.
Zur Berechnung setzt man y = 0!

$g_1: y = \frac{1}{4}x + 1,5 \quad \wedge \quad y = 0$

$\Rightarrow \frac{1}{4}x + 1,5 = 0 \qquad | -1,5$

$ \frac{1}{4}x = -1,5 \qquad | \cdot 4$

$ x = -6 \qquad \Rightarrow N(-6 \mid 0)$

Übungsaufgaben

Aufgabe 1

a) Bestimmen Sie die Gleichungen der drei Geraden g_1, g_2, g_3.

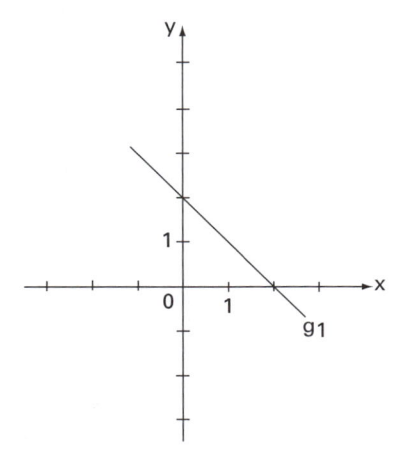

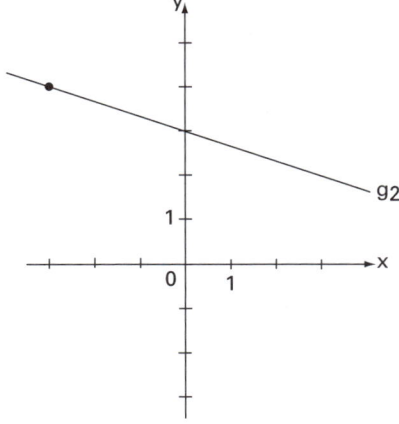

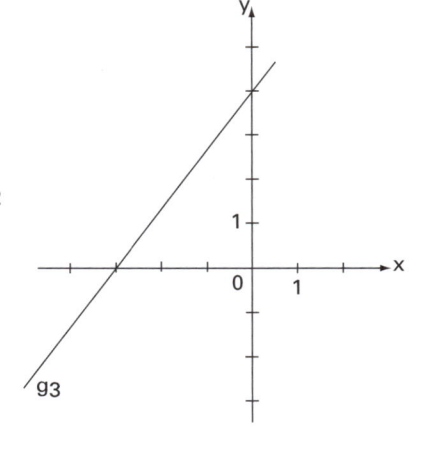

Training

b) Zeichnen Sie die Geraden in das nebenstehende Koordinatensystem.

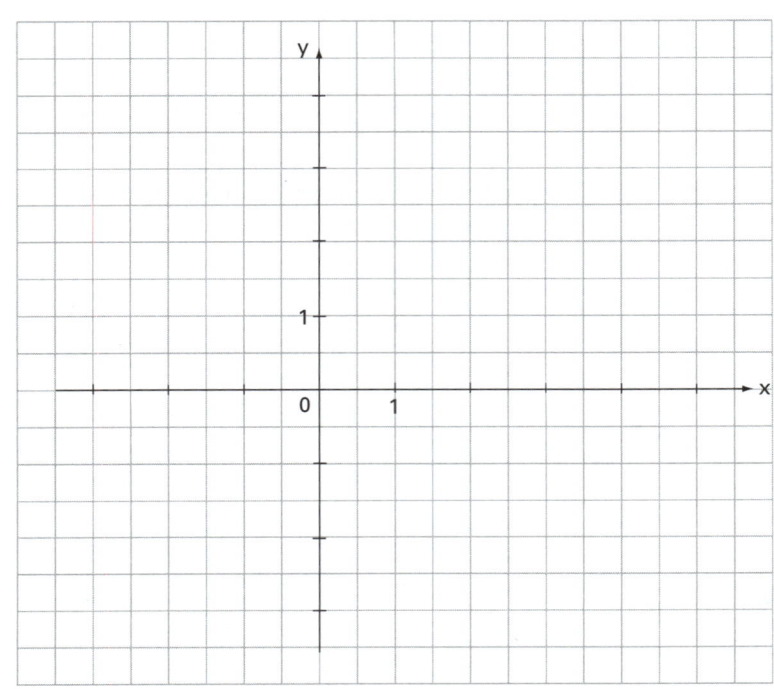

g_4: y = 0,2x + 2
g_5: y = -2
g_6: y = -0,75x − 1

c) Geben Sie die Gleichung der Geraden g_7: 3x − 5y + 12 = 0 in der Normalform an.

Aufgabe 2

Berechnen Sie die Nullstellen der Geraden h_1: $\frac{1}{2}$x − 0,5y + 6 = 0 und h_2: y = -$\frac{4}{3}$x − 2

Die Winkelmaße der Aufgaben 3 bis 6 können nur dann bestimmt werden, wenn trigonometrische Berechnungen bereits bekannt sind.

Aufgabe 3

Bestimmen Sie die Steigung und das Maß des Steigungswinkels der Geraden durch die Punkte:

a) A (-4 | -1) B (1,5 | -4)

b) C (0,5 | -2) D (8 | -1,5)

Aufgabe 4

Die Gerade g_1 verläuft durch die Punkte P_1 (-4 | -1) und P_2 (1 | 0,5).
Die Gerade g_2 hat die Gleichung g_2: y = 1,5x + 3

a) Berechnen Sie die Gleichung von g_1.

b) Zeichnen Sie g_1 und g_2 in ein Koordinatensystem.

c) Berechnen Sie das Maß des Schnittwinkels α = ∢ (g_1; g_2).

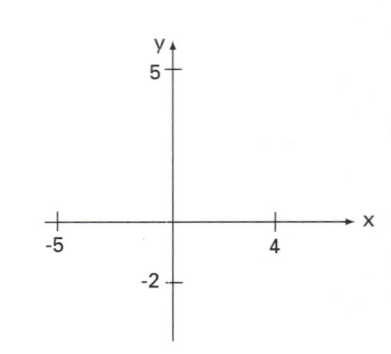

Aufgabe 5

$g_1: y = -\frac{3}{4}x + 1$, A (1 | 4), B (-1 | -3), C (3 | 2,5), $\quad g_2: y = \frac{1}{4}x - 1$

a) Bestimmen Sie die Gleichung der Geraden h mit h ∥ g_1 und A ∈ h.

b) Bestimmen Sie die Gleichung der Geraden l mit l ⊥ g_1 und B ∈ l.

c) Überprüfen Sie durch Rechnung, ob C auf h liegt.

d) Bestimmen Sie die Koordinaten des Schnittpunktes S der beiden Geraden g_1 und g_2.

e) Zeichnen Sie A, B, C, S, g_1, g_2, h, l in ein Koordinatensystem.

f) Berechnen Sie das Maß α des Schnittwinkels ∢ (g_1; g_2).

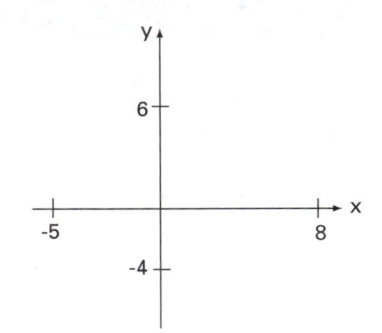

Aufgabe 6

g: $y = -\frac{1}{2}x + 3$, A (-3 | y) ∈ g, C ist die Nullstelle von g, B (x | 0),
M (0 | 3) ist der Diagonalschnittpunkt des Drachenvierecks ABCD
mit der Symmetrieachse [AC].

a) Konstruieren Sie das Drachenviereck ABCD.

b) Berechnen Sie die Koordinaten der Punkte A, B, C, D.

c) Berechnen Sie die Maße der Innenwinkel des Drachenvierecks ABCD.

d) Berechnen Sie den Flächeninhalt des Drachenvierecks ABCD (Formeln siehe Formelsammlung Seite 100).

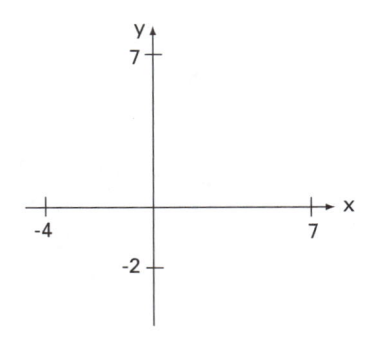

3. Quadratische Funktionen

Basiswissen

Der Graph einer quadratischen Funktion ist eine **Parabel**.

Die Normalparabel

$$y = x^2 + px + q \qquad \text{bzw.} \qquad y = -x^2 + px + q$$

Faktor (+1) ⇒ nach oben geöffnet ⇓ Faktor (−1) ⇒ nach unten geöffnet ⇓

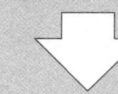

Scheitelkoordinaten $S(x_S \mid y_S)$

$$S\left(-\frac{p}{2} \mid q - \left(\frac{p}{2}\right)^2\right) \qquad\qquad S\left(\frac{p}{2} \mid q + \left(\frac{p}{2}\right)^2\right)$$

Neben der **Normalform**

$$y = \pm x^2 + px + q$$

gibt es auch

⇓

die **Scheitelpunktform**

$$y = \pm (x - x_S)^2 + y_S \qquad \text{mit } S(x_S \mid y_S).$$

Durch den Scheitel S verläuft die Symmetrieachse der Parabel.
⇒ Gleichung der Symmetrieachse: $x = x_S$

Die allgemeine Parabel

$$y = ax^2 + c \qquad \text{bzw.} \qquad y = ax^2 + bx + c$$

Der Scheitel S liegt auf der y-Achse. Der Scheitel S liegt beliebig im Koordinatensystem.

Scheitelkoordinaten $S(x_S \mid y_S)$

$$S\left(-\frac{b}{2a} \mid c - \frac{b^2}{4a}\right)$$

Bedeutung von a:
a > 0: nach oben geöffnet
a < 0: nach unten geöffnet
a > 1 bzw. a < -1: steiler (enger) als Normalparabel
0 < a < 1 bzw. -1 < a < 0: flacher (breiter) als Normalparabel

Definitionsmenge $\mathbb{D}$ (x) und Wertemenge $\mathbb{W}$ (y)

$p: y = a(x - x_S)^2 + y_S$ Scheitelpunktform der allgemeinen Parabel

⇓

$a > 0 : \mathbb{D} = \mathbb{R} \quad \mathbb{W} = \{y \mid y \geqq y_S\}$
$a < 0 : \mathbb{D} = \mathbb{R} \quad \mathbb{W} = \{y \mid y \leqq y_S\}$

Basiswissen

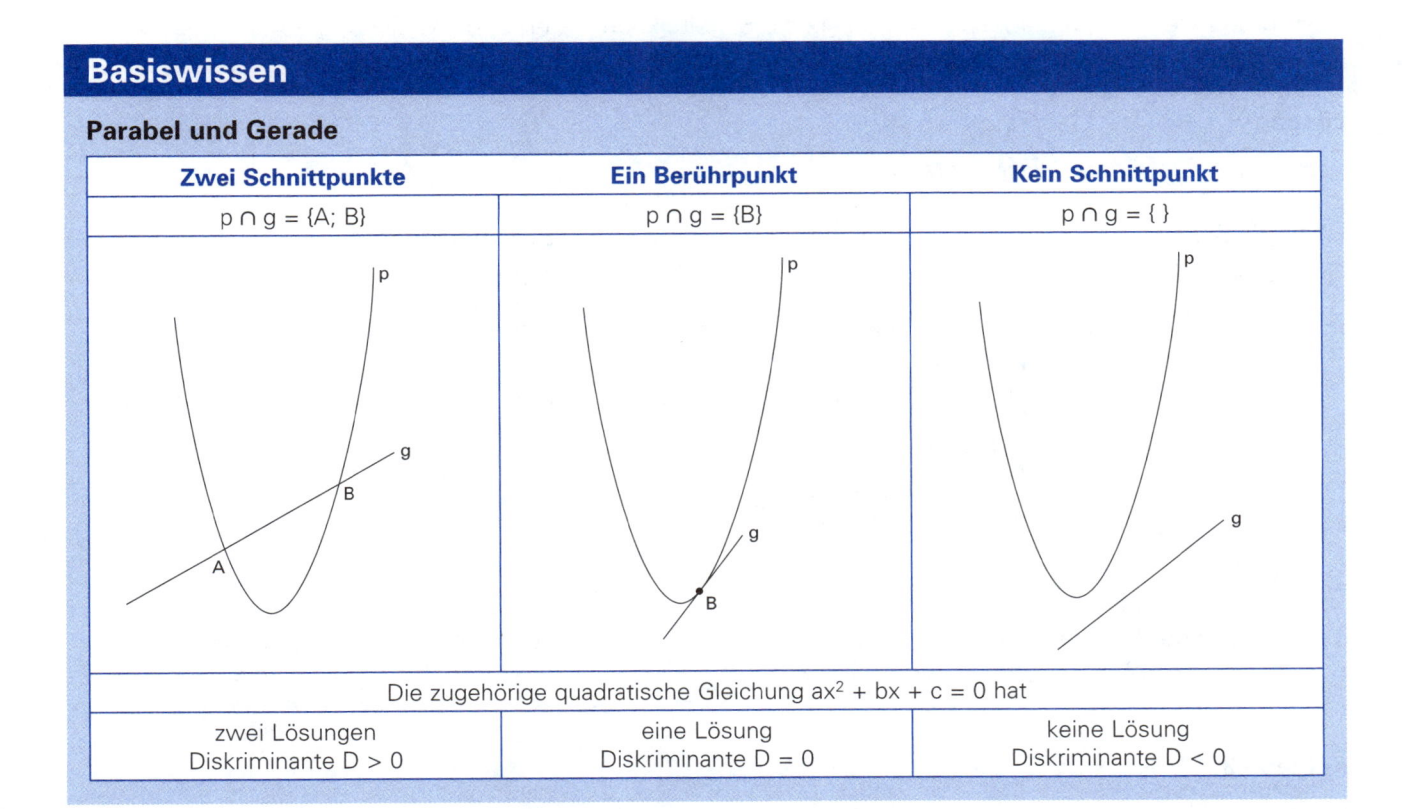

Parabel und Gerade

Zwei Schnittpunkte	Ein Berührpunkt	Kein Schnittpunkt
p ∩ g = {A; B}	p ∩ g = {B}	p ∩ g = { }
Die zugehörige quadratische Gleichung $ax^2 + bx + c = 0$ hat		
zwei Lösungen Diskriminante D > 0	eine Lösung Diskriminante D = 0	keine Lösung Diskriminante D < 0

Typische Aufgabenstellung

Aufgabe 1

Eine nach unten geöffnete Normalparabel p verläuft durch die Punkte A (-0,5 | -2,25) und B (3 | 3). Die Gerade g: $y = -\frac{1}{2}x + 3,5$ schneidet die Parabel in den Punkten P_1 und P_2. Bestimmen Sie die Gleichung der Parabel p.

Lösung

Nach unten geöffnet ⇒ Faktor bei x^2 ist -1!
p: $y = -x^2 + px + q$

A in p eingesetzt:
$\quad\quad\quad -2,25 = -(-0,5)^2 - 0,5p + q$
$\quad\quad\quad -2,25 = -0,25 - 0,5p + q \quad\quad | + 0,25$
I: $\quad\quad -2 = -0,5p + q$

B in p eingesetzt:
$\quad\quad\quad 3 = -3^2 + 3p + q$
$\quad\quad\quad 3 = -9 + 3p + q \quad\quad | + 9$
II: $\quad\quad 12 = 3p + q$

| I: -2 = -0,5p + q $\quad\quad | \cdot (-1) \Rightarrow$ | III: 2 = 0,5p - q
∧ II: 12 = 3p + q $\quad\quad\quad\quad\quad\quad$ ∧ II: 12 = 3p + q

$\quad\quad\quad\quad\quad$ III + II: $\quad 14 = 3,5p \quad\quad | : 3,5$
$\quad\quad\quad\quad\quad$ IV: $\quad\quad\quad p = 4$

IV in II: $\quad 12 = 3 \cdot 4 + q$
$\quad\quad\quad\quad 12 = 12 + q \quad\quad | - 12$
$\quad\quad\quad\quad\quad q = 0$

⇒ p: $y = -x^2 + 4x$

Training

Aufgabe 2

Bestimmen Sie für die Parabel p: $y = -x^2 + 4x$ die Scheitelkoordinaten S, die Gleichung der Symmetrieachse sowie die Definitionsmenge $\mathbb{D}$ und die Wertemenge $\mathbb{W}$.

Lösung

Bestimmung der Scheitelkoordinaten:

I. Möglichkeit

Quadratische Ergänzung:

$y = -x^2 + 4x$

$y = -[x^2 - 4x]$ ⎫ Faktor bei x^2 ausklammern

$y = -[x^2 - 4x + 2^2 - 2^2]$ ⎫ quadratische Ergänzung

$y = -[(x-2)^2 - 4]$ ⎫ Binom

$y = -(x-2)^2 + 4$ ⎫ eckige Klammer auflösen

$\Rightarrow$ S (2 | 4)

Bestimmung der Symmetrieachse:
$x_S = 2 \quad \Rightarrow \quad x = 2$

II. Möglichkeit

Mit der Formel:

$y = -x^2 + 4x$

$p = 4 \quad q = 0 \quad \Rightarrow \quad S\left(\frac{p}{2} \mid q + \left(\frac{p}{2}\right)^2\right)$

S (2 | 4)

Bestimmung von $\mathbb{D}$ (x) und $\mathbb{W}$ (y):
$\mathbb{D}(x) = \mathbb{R} \quad y_S = 4$ und $a = -1$
$\Rightarrow \mathbb{W}(y) = \{y \mid y \leq 4\}$

Aufgabe 3

Bestimmen Sie die Koordinaten der Schnittpunkte P_1 und P_2 der Parabel p: $y = -x^2 + 4x$ mit der Geraden g: $y = -\frac{1}{2}x + 3{,}5$.

Lösung

p: $y = -x^2 + 4x$

g: $y = -\frac{1}{2}x + 3{,}5$

$\Rightarrow \quad -x^2 + 4x = -\frac{1}{2}x + 3{,}5 \qquad |+\frac{1}{2}x - 3{,}5$

$-x^2 + 4{,}5x - 3{,}5 = 0 \qquad | \cdot (-1)$

$x^2 - 4{,}5x + 3{,}5 = 0$

$\boxed{x_{1/2} = -\frac{p}{2} \pm \sqrt{\left(\frac{p}{2}\right)^2 - q}}$

$x_{1/2} = 2{,}25 \pm \sqrt{(-2{,}25)^2 - 3{,}5}$

$x_{1/2} = 2{,}25 \pm 1{,}25$

$x_1 = 1 \quad x_2 = 3{,}5$

x_1 und x_2 in g einsetzen:

$y_1 = -\frac{1}{2} \cdot 1 + 3{,}5 = 3 \qquad \Rightarrow P_1 (1 \mid 3)$

$y_2 = -\frac{1}{2} \cdot 3{,}5 + 3{,}5 = 1{,}75 \qquad \Rightarrow P_2 (3{,}5 \mid 1{,}75)$

Aufgabe 4

Zeichnen Sie p, g, A, B, P_1, P_2 aus den Aufgaben 1 – 3 in ein Koordinatensystem.

Lösung

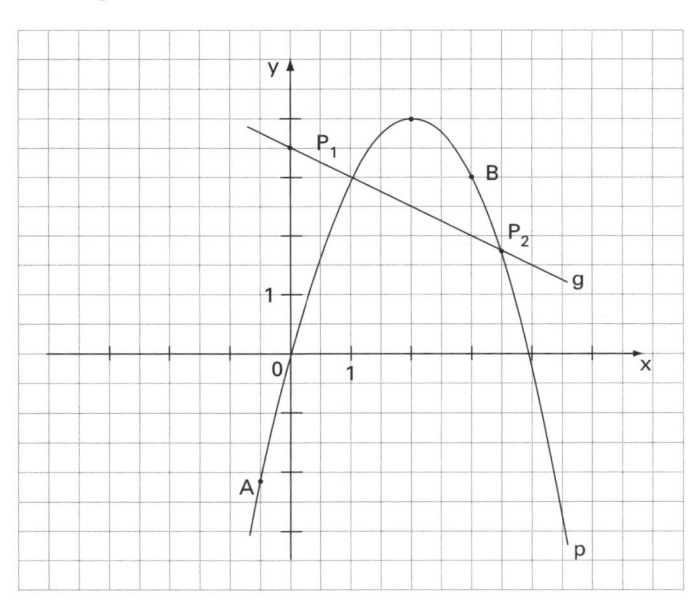

Übungsaufgaben

Aufgabe 1

Zu welchen Parabeln gehören welche Funktionsgleichungen?

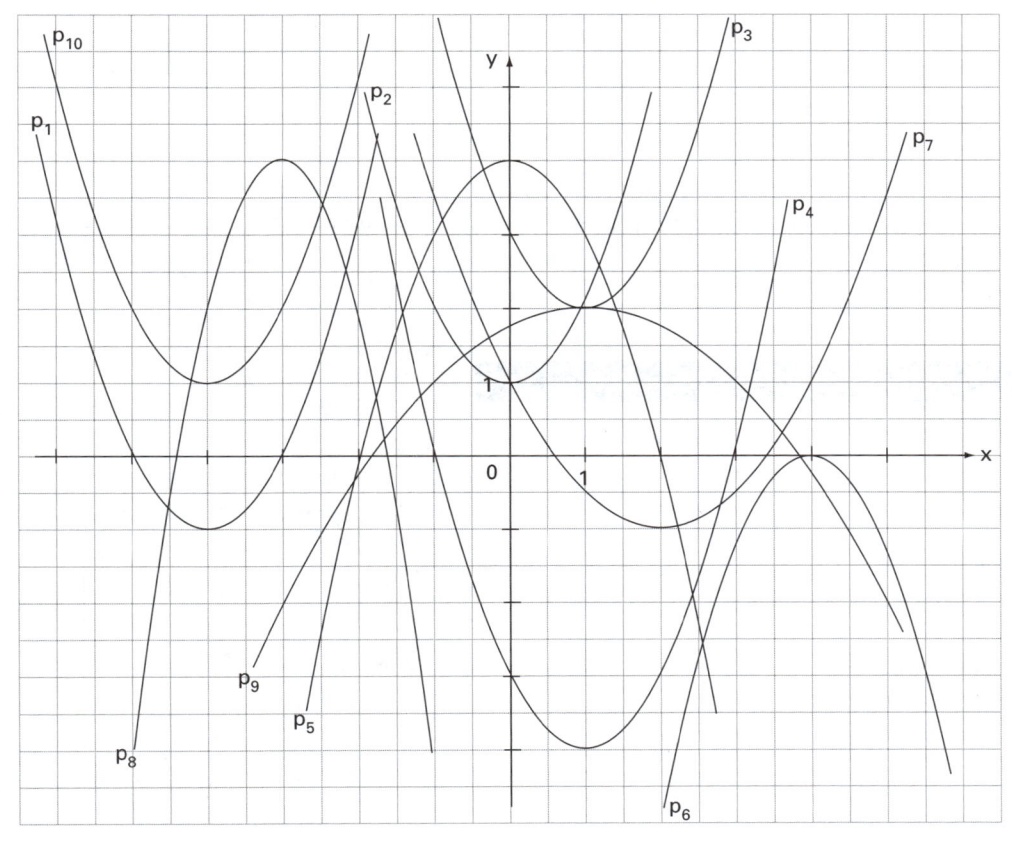

- (A) $y = x^2 + 1$
- (B) $y = -x^2 + 4$
- (C) $y = (x + 4)^2 - 1$
- (D) $y = (x - 4)^2 + 1$
- (E) $y = (x - 1)^2 - 4$
- (F) $y = -(x - 4)^2$
- (G) $y = -\frac{1}{4}(x - 1)^2 + 2$
- (H) $y = -2(x + 3)^2 + 4$
- (I) $y = \frac{1}{2}(x - 2)^2 - 1$
- (J) $y = \frac{1}{2}(x + 4)^2 + 1$

Training

Aufgabe 2

Bestimmen Sie die Koordinaten der Scheitelpunkte.

a) $y = x^2 - 5x + 1$

b) $y = -x^2 + 2x - 6$

c) $y = -2x^2 + 6x - 6$

d) $y = \frac{1}{4}x^2 - 4x + 10$

Aufgabe 3

a) Wie lautet die Gleichung der nach unten geöffneten Normalparabel durch die Punkte A (2 | 1) und B (-1 | -2)?

b) Die Parabel p: $y = x^2 + px + q$ hat die Symmetrieachse mit der Gleichung $x = 1$ und verläuft durch den Punkt C (-0,5 | -1,75). Bestimmen Sie die Gleichung der Parabel p.
Geben Sie p in der Scheitelpunktform und Normalform an.

c) Für eine Parabel p gilt: |a| = 0,25, $W(y) = \{y \mid y \leq -2,5\}$, Gleichung der Symmetrieachse: $x = -1,5$
Geben Sie p in der Scheitelpunktform und allgemeinen Form an.

d) p: $y = \frac{1}{2}x^2 - 2x + 1$

$$p \xrightarrow{\vec{v} = \binom{-3}{4}} p'$$

Bestimmen Sie die Gleichung der Parabel p´ in der allgemeinen Form.

Aufgabe 4

Die Parabel p_1: $y = x^2 + 8x + 15$ wird an der x-Achse und y-Achse gespiegelt.
Bestimmen Sie die Gleichungen der gespiegelten Parabeln p_2 und p_3 in der Normalform und Scheitelpunktform. Veranschaulichen Sie dies auch im Koordinatensystem.

Aufgabe 5

a) Bestimmen Sie die Koordinaten der Schnittpunkte der Parabeln
p_1: $y = x^2 - 2x - 3$ und p_2: $y = -x^2 + 8x - 16$

b) p_1: $y = x^2 - 2x - 3$, p_2: $y = -\frac{1}{2}x^2 - \frac{1}{2}x + \frac{21}{8}$
Bestimmen Sie die Koordinaten der Schnittpunkte A und B der Parabeln p_1 und p_2. Rechnen Sie mit Brüchen. Überprüfen Sie die Koordinaten durch Zeichnung.

Wertetabelle für p_2:

x	-3,5	-2,5	-1,5	-0,5	0,5	1,5	2,5	3,5
y								

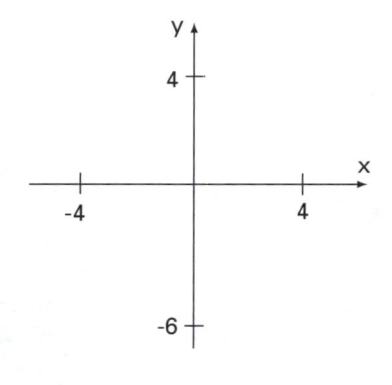

Aufgabe 6

a) Eine 9 m breite Lagerhalle hat als Dachkonstruktion drei gleich große parabelförmige Bogen der Form $y = -x^2 + px + q$ (siehe nicht maßstabsgetreue Skizze).
Berechnen Sie die Höhe der Lagerhalle bis zum Scheitel des Daches.

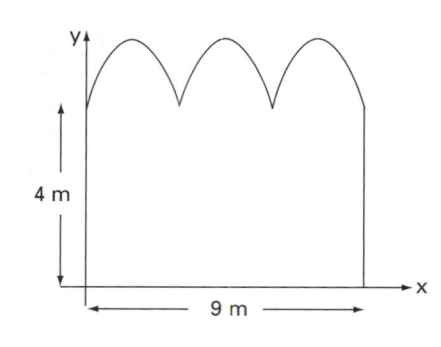

b) Das Glasdach eines Wintergartens hat die Form einer Parabel mit der Gleichung y = ax² + c (siehe nicht maßstabsgetreue Skizze). Berechnen Sie die Gleichung der Parabel.

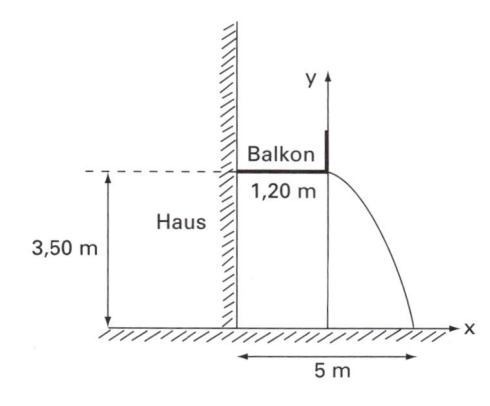

4. Funktionen der indirekten Proportionalität (Hyperbelfunktionen)

Basiswissen

$y = \dfrac{k}{x}$ $k \in \mathbb{R} \setminus \{0\}$

$\mathbb{D} = \mathbb{R} \setminus \{0\}$; $\mathbb{W} = \mathbb{R} \setminus \{0\}$
Die x-Achse und y-Achse sind Asymptoten.
Der Graph ist punktsymmetrisch zum Ursprung.

k > 0	k < 0
Der Graph verläuft im I. und III. Quadranten	Der Graph verläuft im II. und IV. Quadranten
achsensymmetrisch zur Winkelhalbierenden des I. und III. Quadranten	achsensymmetrisch zur Winkelhalbierenden des II. und IV. Quadranten

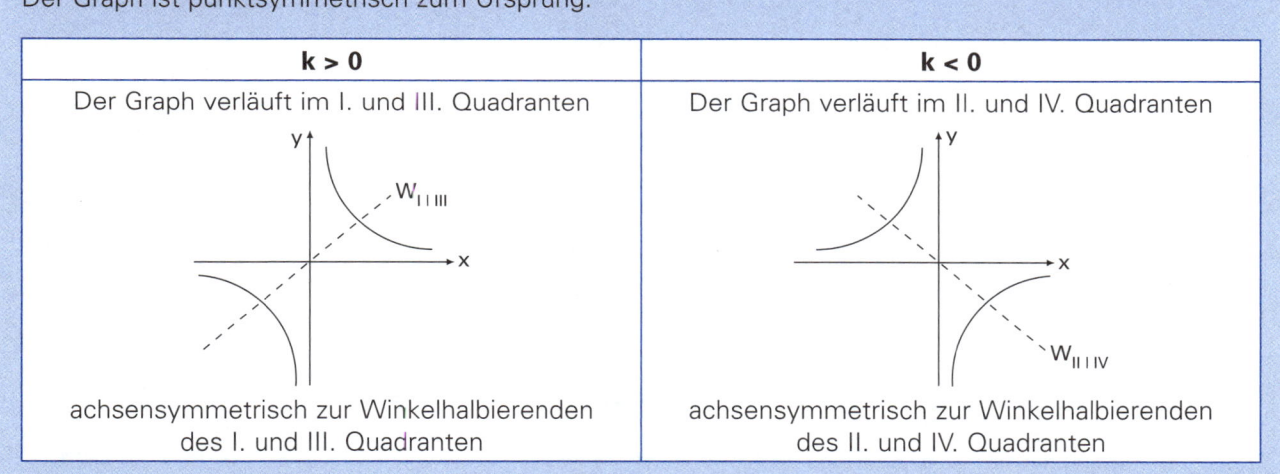

Typische Aufgabenstellung

Aufgabe 1

Der Graph der Funktion f: $y = \dfrac{k}{x}$ verläuft durch den Punkt P (4 | -0,5). Bestimmen Sie $\mathbb{D}$, $\mathbb{W}$, k, die Symmetrieeigenschaften und die Gleichungen der Asymptoten.

Training

Lösung

Die Koordinaten des Punktes P werden in die Funktionsgleichung eingesetzt.

$P(4 | -0{,}5) \in f:$ $\quad -0{,}5 = \dfrac{k}{4}$ $\quad | \cdot 4$

$\quad\quad\quad\quad\quad\quad\quad\quad k = -2$

Funktionsgleichung: $y = -\dfrac{2}{x}$

$\mathbb{D} = \mathbb{R} \setminus \{0\} \quad \mathbb{W} = \mathbb{R} \setminus \{0\}$

Punktsymmetrisch zum Ursprung und achsensymmetrisch zur Winkelhalbierenden des II. und IV. Quadranten.
Gleichung der Symmetrieachse: $y = -x$
Asymptoten: $x = 0$
$\quad\quad\quad\quad\quad y = 0$

Aufgabe 2

Der Punkt $Q_1(2 | 2{,}5)$ liegt auf dem Graphen der Funktion $f: y = \dfrac{k}{x}$. Bestimmen Sie **nur** mithilfe der Symmetrieeigenschaften drei weitere Punkte Q_2, Q_3, Q_4, die auch auf diesem Graphen liegen.

Lösung

Zuerst muss die Funktionsgleichung f bestimmt werden.

$f: y = \dfrac{k}{x}$

Q_1 eingesetzt: $\quad 2{,}5 = \dfrac{k}{2}$ $\quad | \cdot 2$

$\quad\quad\quad\quad\quad\quad k = 5$

$\Rightarrow \quad f: y = \dfrac{5}{x}$

Wegen $k > 0$ verläuft der Graph im I. und III. Quadranten.
Er ist achsensymmetrisch zur Winkelhalbierenden des I. und III. Quadranten und punktsymmetrisch zum Ursprung.

$Q_1(2|2{,}5) \xrightarrow[\text{Achsen-spiegelung}]{W_{I/III}} Q_2(2{,}5 | 2)$ $\quad$ Die x- und y-Werte werden vertauscht

$Q_1(2|2{,}5) \xrightarrow[\text{Punkt-spiegelung}]{(0|0)} Q_3(-2 | -2{,}5)$ $\quad$ Die x- und y-Werte erhalten das entgegengesetzte Vorzeichen

$Q_2(2{,}5|2) \xrightarrow[\text{Punkt-spiegelung}]{(0|0)} Q_4(-2{,}5 | -2)$

Übungsaufgaben

Aufgabe 1

f: $y = -\dfrac{1,5}{x}$

Fertigen Sie eine Wertetabelle für $x \in \{-4; 4\}$ und für $x \in \{-\dfrac{1}{2}; \dfrac{1}{2}\}$. Zeichnen Sie den Graphen.

Aufgabe 2

$A(-1,25 \mid 2,5) \in f: y = \dfrac{k}{x}$

Bestimmen Sie die Funktionsgleichung f.

Aufgabe 3

Überprüfen Sie durch Rechnung, ob die beiden Punkte $A(6 \mid -0,3)$ und $B(-0,9 \mid 1,5)$ auf dem Graphen der Funktion f: $y = -\dfrac{1,8}{x}$ liegen.

Aufgabe 4

Gehören die beiden Punkte $P_1(4 \mid 1)$ und $P_2(0,8 \mid 0,2)$ zur gleichen Funktion f: $y = \dfrac{k}{x}$?
Überprüfen Sie durch Rechnung.

Aufgabe 5

Bestimmen Sie die Koordinaten der Schnittpunkte S_1 und S_2 der beiden Funktionen
f_1: $y = \dfrac{3}{x}$ und f_2: $y = \dfrac{1}{4}x - \dfrac{1}{4}$ durch Zeichnung und Rechnung.

Aufgabe 6

f: $y = \dfrac{2}{x}$ $(x > 0)$; $C_n \in f$; $A(-2 \mid -3)$ $B(6 \mid -3)$

a) Fertigen Sie eine Wertetabelle und zeichnen Sie den Graphen der Funktion f.

x	0,25	0,5	1	1,5	2	3	4	5
$y = \dfrac{2}{x}$								

b) Zeichnen Sie für $x_{C_n} \in \{0,5; 1; 4\}$ drei Dreiecke ABC_1, ABC_2, ABC_3.

c) Berechnen Sie den Flächeninhalt $A(x)$ der Dreiecke ABC_n in Abhängigkeit von x.

[Ergebnis: $A(x) = \left(\dfrac{8}{x} + 12\right)$ FE]

d) Berechnen Sie den Flächeninhalt für $x = 1,6$.

e) Für den Flächeninhalt kann auch gelten: $A(x) = 0$.
Bestätigen oder widerlegen Sie diese Aussage.

5. Exponentialfunktionen – Wachstums- und Abklingprozesse

Basiswissen

Exponentialfunktionen

$$y = k \cdot a^x \quad k \neq 0, \quad a \in \mathbb{R}^+ \setminus \{1\}$$

$\mathbb{D} = \mathbb{R}$
$k > 0: \quad \mathbb{W} = \mathbb{R}^+$
$k < 0: \quad \mathbb{W} = \mathbb{R}^-$
Die x-Achse ist **Asymptote**.

$a > 1$: steigende Exponentialfunktion
$0 < a < 1$: fallende Exponentialfunktion
Alle Graphen verlaufen durch den Punkt P (0 | k).

Wachstums- und Abklingprozesse

$$W_n = W_0 \left(1 \pm \frac{p}{100}\right)^n$$

oder

$$W_n = W_0 \cdot q^n$$

W_0: Anfangswert
W_n: Wert nach n Zeiteinheiten
n: Anzahl der Zeiteinheiten
p: Prozentsatz
q: Wachstumsfaktor

Wachstumsprozess: $q = 1 + \frac{p}{100} \Rightarrow q > 1$

Abklingprozess: $q = 1 - \frac{p}{100} \Rightarrow 0 < q < 1$

Beim **radioaktiven Zerfall** spielt die „Halbwertszeit" (Zeit, in der die Hälfte der ursprünglichen Substanz zerfallen ist) eine große Rolle. Den Quotienten t (Zeit) durch T (Halbwertszeit) kann man „Anzahl der Halbwertszeiten" nennen.

$$N_t = N_0 \cdot 0{,}5^{\frac{t}{T}}$$

N_0: Ausgangsmenge
N_t: Menge nach Ablauf der Zeit t
t: Zeit
T: Halbwertszeit
$\frac{t}{T}$: Anzahl der Halbwertszeiten
$0{,}5$: Abnahmefaktor

Kapitalwachstum (mit „Zinseszins")
wird mit folgender Formel berechnet:

$$K_n = K_0 \left(1 + \frac{p}{100}\right)^n$$

Faustregel zur Kapitalverdopplung:

$$n = \frac{70}{p}$$

p: Zinssatz
n: Anzahl der Jahre

Typische Aufgabenstellung

Auf einem Teich bedecken Seerosen eine Fläche von 3 m². Sie vermehren sich wöchentlich um 10%.

Aufgabe 1

Stellen Sie dieses Wachstum allgemein als Funktionsgleichung dar.

Lösung

$f: y = 3 \cdot \left(1 + \frac{10}{100}\right)^x$ bzw. $y = 3 \cdot 1{,}1^x$

$x \triangleq$ Anzahl der Wochen
$y \triangleq$ Bedeckte Fläche in m²

Aufgabe 2

Fertigen Sie für die Funktion f eine Wertetabelle für x ∈ [0; 12] mit △x = 1.

Lösung

x	0	1	2	3	4	5	6	7	8	9	10	11	12
y	3	3,3	3,6	4	4,4	4,8	5,3	5,8	6,4	7,1	7,8	8,6	9,4

Aufgabe 3

Zeichnen Sie den Graphen zu f.

Lösung

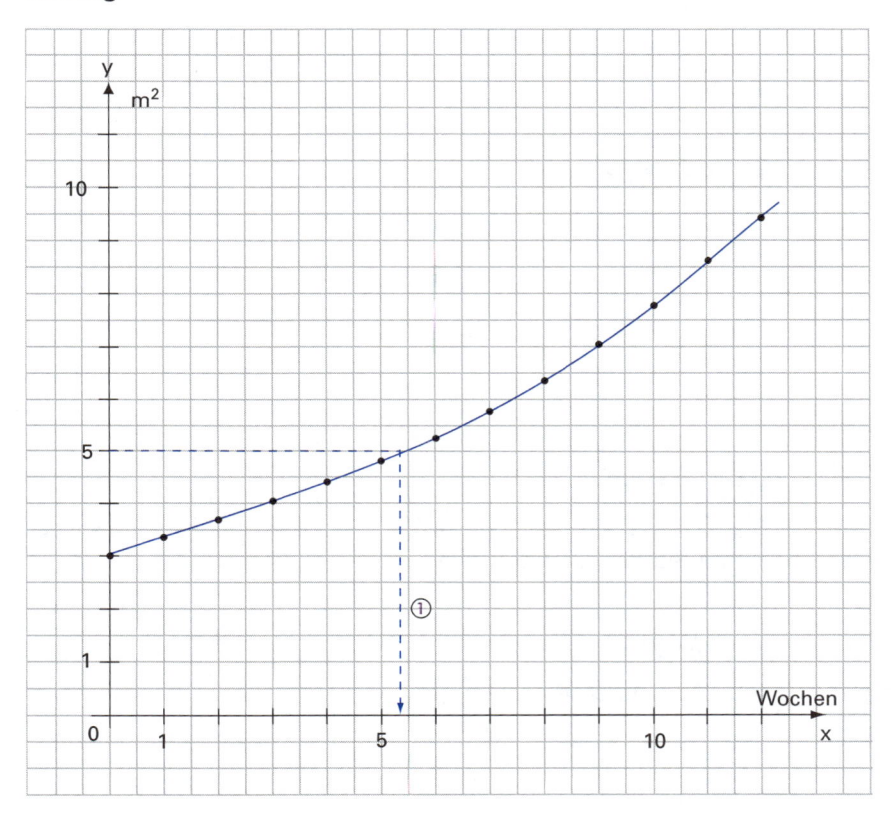

Aufgabe 4

Entnehmen Sie dem Graphen: Nach wie vielen Wochen haben die Seerosen eine Fläche von 5 m²?

Lösung

Aus dem Graphen: ① nach 5,4 Wochen

Aufgabe 5

Wie groß müsste das prozentuale Wachstum pro Woche sein, wenn nach 12 Wochen die Seerosen eine Fläche von 24 m² bedecken würden?

Lösung

$$24 = 3 \cdot \left(1 + \frac{p}{100}\right)^{12} \quad | :3$$

$$8 = \left(1 + \frac{p}{100}\right)^{12} \quad | \sqrt[12]{}$$

$$\sqrt[n]{a} = a^{\frac{1}{n}}$$

$$\sqrt[12]{8} = 1 + \frac{p}{100}$$

$$8^{\frac{1}{12}} = 1 + \frac{p}{100} \quad | -1$$

$$8^{\frac{1}{12}} - 1 = \frac{p}{100} \quad | \cdot 100$$

$$p = 100 \left(8^{\frac{1}{12}} - 1\right)$$

$$p = 18{,}92$$

Das prozentuale Wachstum müsste pro Woche 18,92 % betragen.

Übungsaufgaben

Aufgabe 1

f: $y = -2{,}5 \cdot 1{,}2^x$

a) Bestimmen Sie $\mathbb{D}$ und $\mathbb{W}$ und die Gleichung der Asymptote.

b) Fertigen Sie eine Wertetabelle für $x \in [-2; 6]_{\mathbb{Z}}$.
Runden Sie auf eine Dezimalstelle und zeichnen Sie den Graphen in ein Koordinatensystem.

c) Bestimmen Sie aus dem Graphen: Für welchen Wert von x ist y = -4,5?

d) Bestätigen Sie den zeichnerisch gefundenen Wert durch eine rechnerische Probe.

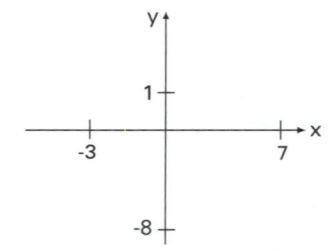

Aufgabe 2

$f_1: y = \frac{1}{2} \cdot 2^x$ $\qquad$ $f_2: y = 2 \cdot 2^x$

a) Fertigen Sie für beide Funktionen eine Wertetabelle für $x \in [-3; 2]_{\mathbb{Z}}$.
Runden Sie auf zwei Dezimalstellen.

b) Zeichnen Sie die Graphen der beiden Funktionen in ein Koordinatensystem.

c) Bestimmen Sie aus der graphischen Darstellung die Koordinaten des Schnittpunktes der beiden Funktiongleichungen.

d) Bestätigen Sie die Schnittpunktkoordinaten durch Rechnung.

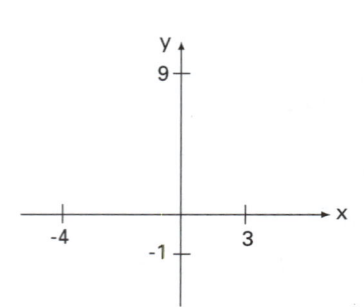

Aufgabe 3

Die Eltern möchten ihrem Sohn Fabian ab dem 6. Lebensjahr ein wöchentliches Taschengeld geben. Der Vater schlägt vor: Wir geben ihm pro Woche 5 € und nach jedem weiteren Lebensjahr 2 € mehr. Die Mutter schlägt vor: Anfangs 5 € sind zu viel. Wir geben ihm 1 € und jedes weitere Lebensjahr das Doppelte vom vorhergehenden Jahr.

a) Stellen Sie beide Vorschläge als Funktionsgleichung dar.

b) Fertigen Sie für beide Vorschläge eine Wertetabelle für $x \in [0; 5]_{\mathbb{Z}}$.

c) Zeichnen Sie beide Graphen.
   x-Achse: 1 cm ≙ 1 Jahr, y-Achse: 1 cm ≙ 4 €.

d) Interpretieren Sie die beiden Graphen.

Aufgabe 4

Radon 220 hat eine Halbwertszeit von 55,6 Sekunden.
Wie viele Gramm sind von $\frac{1}{8}$ kg nach zwei Minuten noch übrig?

(1)

Aufgabe 5

Ein Pkw hat heute noch einen Wert von 21 500 €. Seit dem Kauf vor vier Jahren ist er nur noch 55% des ehemaligen Kaufpreises wert. Berechnen Sie den durchschnittlichen jährlichen Wertverlust in %.

Aufgabe 6

Bevölkerung eines Landes	
Jahr	Einwohnerzahl in 1000
1966	
1986	79 209
2006	81 912
2016	

a) Die Bevölkerung hat von 1966 bis 1986 durchschnittlich im Jahr um 0,58% zugenommen. Berechnen Sie die Einwohnerzahl im Jahr 1966. Ergänzen Sie den Wert in der Tabelle und runden Sie auf Tausend.

b) Von 1986 bis 2016 hat die Bevölkerung jährlich durchschnittlich um 0,13% zugenommen. Berechnen Sie die Einwohnerzahl im Jahr 2016. Ergänzen Sie den Wert in der Tabelle und runden Sie auf Tausend.

c) Berechnen Sie die durchschnittliche prozentuale Zunahme pro Jahr von 2006 bis 2016.

d) Vergleichen Sie die prozentualen Zunahmen der Aufgaben a) bis c) miteinander. Zu welcher Schlussfolgerung kommen Sie?

6. Quadratische Gleichungen

Basiswissen

Quadratische Gleichung in der **allgemeinen Form**

$$ax^2 + bx + c = 0$$

$\xrightarrow{:a}$

Quadratische Gleichung in der **Normalform**

$$x^2 + px + q = 0$$

Lösungsformel:

$$x_{1/2} = \frac{-b \pm \sqrt{D}}{2a}$$

mit $D = b^2 - 4ac$

Lösungsformel:

$$x_{1/2} = -\frac{p}{2} \pm \sqrt{D}$$

mit $D = \left(\frac{p}{2}\right)^2 - q$

Bedeutung der **Diskriminante D**
$D > 0 \;\Rightarrow\; 2$ Lösungen
$D = 0 \;\Rightarrow\; 1$ Lösung
$D < 0 \;\Rightarrow\;$ keine Lösung

Typische Aufgabenstellung

Aufgabe 1

Bestimmen Sie die Lösungsmenge der quadratischen Gleichung $-1{,}5x^2 - 4{,}5x + 15 = 0$.

Lösung

Allgemeine Form: $\xrightarrow{\;:(-1{,}5)\;}$ Normalform:

$-1{,}5x^2 - 4{,}5x + 15 = 0$ | $x^2 + 3x - 10 = 0$
$a = -1{,}5 \quad b = -4{,}5 \quad c = 15$ | $p = 3 \quad q = -10$

$D = (-4{,}5)^2 - 4 \cdot (-1{,}5) \cdot 15$ | $D = 1{,}5^2 + 10$
$D = 110{,}25$ | $D = 12{,}25$

$x_{1/2} = \dfrac{4{,}5 \pm \sqrt{110{,}25}}{2 \cdot (-1{,}5)}$ | $x_{1/2} = -1{,}5 \pm \sqrt{12{,}25}$

$x_{1/2} = \dfrac{4{,}5 \pm 10{,}5}{-3}$ | $x_{1/2} = -1{,}5 \pm 3{,}5$

$x_1 = 2 \quad x_2 = -5$ | $x_1 = 2 \quad x_2 = -5$

$\Rightarrow \mathbb{L} = \{-5;\, 2\}$

Aufgabe 2

In einem Rechteck ist eine Seite 3,5 cm länger als die andere Seite, der Flächeninhalt beträgt 36 cm². Berechnen Sie die Seitenlängen des Rechtecks.

Lösung

Kürzere Seite: x cm
Längere Seite: (x + 3,5) cm

$A = x \cdot (x + 3,5)$ cm² ∧ $A = 36$ cm²

⇒ $\quad x \cdot (x + 3,5) = 36$
$\quad\quad x^2 + 3,5x = 36$
$\quad x^2 + 3,5x - 36 = 0$

$p = 3,5 \quad q = -36$

$x_{1/2} = -1,75 \pm \sqrt{1,75^2 + 36}$
$x_{1/2} = -1,75 \pm 6,25$

$x_1 = -8 \quad\quad x_2 = 4,5 \quad\quad ⇒ \quad \mathbb{L} = \{4,5\}$
↑
unbrauchbar!

Kürzere Seite: 4,5 cm
Längere Seite: 8 cm

Die Seiten des Rechtecks sind 4,5 cm und 8 cm lang.

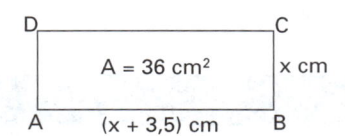

D————————C
| A = 36 cm² | x cm
A   (x + 3,5) cm   B

$A = a \cdot b$

Übungsaufgaben

Aufgabe 1

Bestimmen Sie die Lösungsmenge:

a) $-x^2 - x + 12 = 0 \quad\quad \mathbb{G} = \mathbb{N}$

b) $2x^2 - 4x + 5 = 0 \quad\quad \mathbb{G} = \mathbb{R}$

c) $x^2 + 4 + 10x = 44 + 4x \quad \mathbb{G} = \mathbb{Z}$

d) $x^2 + 3,5x - 2 = 0 \quad\quad \mathbb{G} = \mathbb{Z}$

Aufgabe 2

Bestimmen Sie die Lösungsmenge ($\mathbb{G} = \mathbb{R}$):

a) $(x + 1)^2 - 2(x - 4)^2 = -17$

b) $(2x - 3)(2x + 3) - 2x^2 + 5 = -11x + 5(x - 2)^2$

Aufgabe 3

Berechnen Sie x:

$\dfrac{1}{x^2} - \dfrac{1}{x + 2} = 0 \quad\quad \mathbb{G} = \mathbb{R}$

Aufgabe 4

In einem rechtwinkligen Dreieck ist eine Kathete 7 cm länger als die andere.
Wie lang müssen die beiden Katheten sein, wenn die Hypotenuse 13 cm lang ist?

Aufgabe 5

Herr Spar zahlt bei einer Bank 10 000 € für zwei Jahre zu einem variablen Zinssatz ein. Nach dem ersten Jahr wird der Zinssatz leider um 0,3% gesenkt. Am Ende des zweiten Jahres ist das Kapital auf 10 743,30 € angewachsen. Berechnen Sie den Zinssatz im Jahr.

Aufgabe 6

Ein Wasserbecken wird mit zwei Zulaufröhren in 4,8 Stunden gefüllt. Ist nur eine Röhre in Betrieb, so würde die zweite Röhre zum Füllen des Beckens 4 Stunden länger brauchen als die erste.
Wie lange dauert es, wenn nur eine der beiden Röhren das Becken füllt?

7. Kreis und Kreisteile

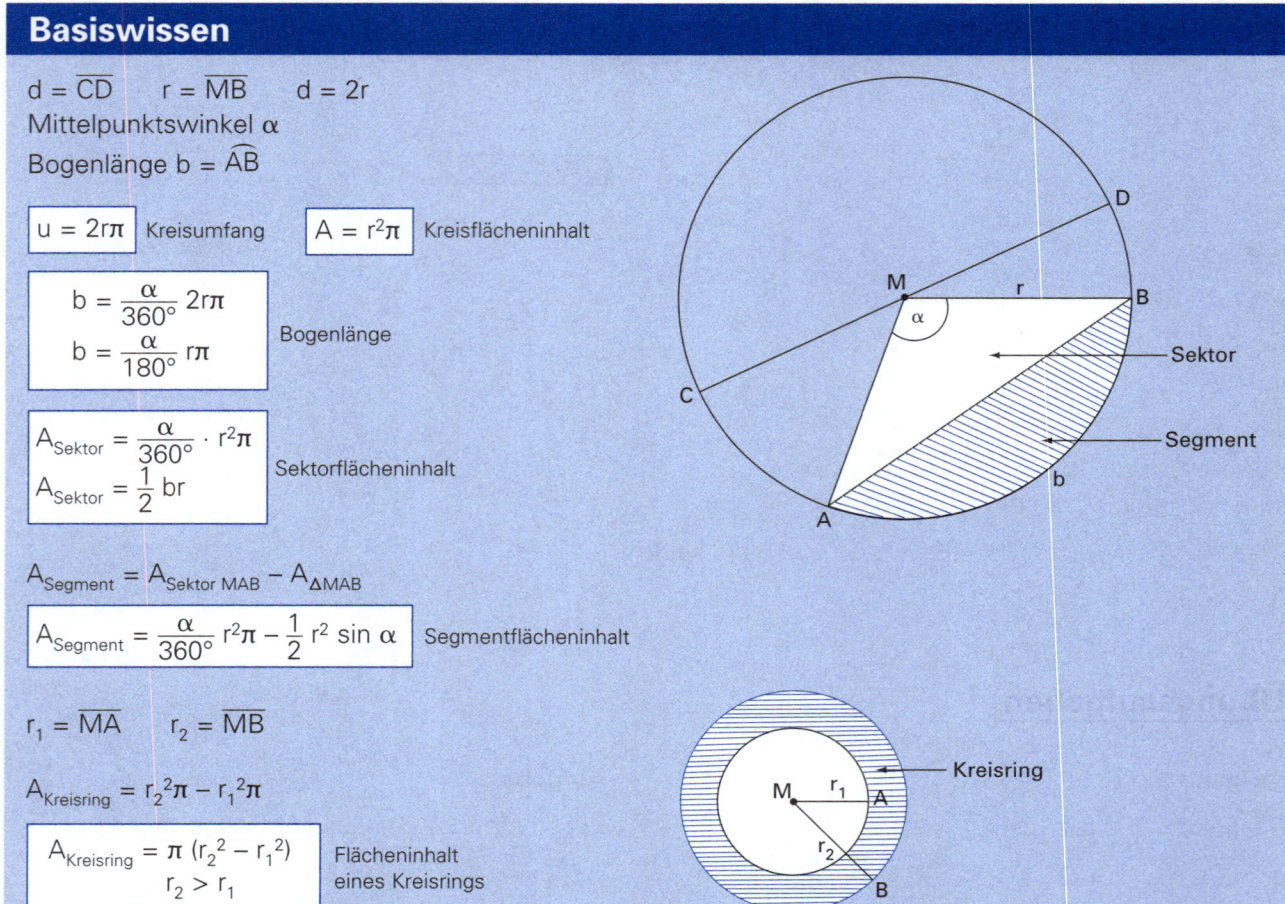

Basiswissen

$d = \overline{CD}$ $r = \overline{MB}$ $d = 2r$
Mittelpunktswinkel α
Bogenlänge $b = \overset{\frown}{AB}$

$u = 2r\pi$ Kreisumfang $A = r^2\pi$ Kreisflächeninhalt

$b = \dfrac{\alpha}{360°} \cdot 2r\pi$
$b = \dfrac{\alpha}{180°} \cdot r\pi$ Bogenlänge

$A_{Sektor} = \dfrac{\alpha}{360°} \cdot r^2\pi$
$A_{Sektor} = \dfrac{1}{2} br$ Sektorflächeninhalt

$A_{Segment} = A_{Sektor\,MAB} - A_{\Delta MAB}$

$A_{Segment} = \dfrac{\alpha}{360°} r^2\pi - \dfrac{1}{2} r^2 \sin \alpha$ Segmentflächeninhalt

$r_1 = \overline{MA}$ $r_2 = \overline{MB}$

$A_{Kreisring} = r_2^2\pi - r_1^2\pi$

$A_{Kreisring} = \pi(r_2^2 - r_1^2)$ Flächeninhalt eines Kreisrings
$r_2 > r_1$

Typische Aufgabenstellung

Aufgabe 1

Der Durchmesser eines Kreises beträgt 12,2 cm, der Inhalt der Sektorfläche beträgt 62 cm².

a) Berechnen Sie das Maß des Mittelpunktswinkels α.

b) Berechnen Sie die Bogenlänge.

Lösung

a) Zuerst wird der Radius berechnet: $d = 2r \Rightarrow r = 6{,}1$ cm
Jetzt muss die Sektorflächenformel nach α aufgelöst werden.

$A_S = \dfrac{\alpha}{360°} \cdot r^2\pi$ $| \cdot 360°$

$360° \cdot A_S = \alpha \cdot r^2\pi$ $| : (r^2\pi)$

$\alpha = \dfrac{360° \cdot A_S}{r^2\pi}$

$\alpha = \dfrac{360° \cdot 62 \text{ cm}^2}{(6{,}1 \text{ cm})^2 \cdot \pi}$

$\alpha = 190{,}93°$

b) **I. Möglichkeit**

$b = \dfrac{\alpha}{360°} \cdot 2r\pi$

$b = \dfrac{190{,}93°}{360°} \cdot 2 \cdot 6{,}1 \text{ cm} \cdot \pi$

$b = 20{,}33 \text{ cm}$

II. Möglichkeit

$A_S = \dfrac{1}{2} b \cdot r \quad | \cdot 2$

$2 \cdot A_S = b \cdot r \quad | : r$

$b = \dfrac{2 \cdot A_S}{r}$

$b = \dfrac{2 \cdot 62 \text{ cm}^2}{6{,}1 \text{ cm}}$

$b = 20{,}33 \text{ cm}$

Aufgabe 2

Wegen des Baus einer neuen Straße muss ein Landwirt den farbigen Teil seines Feldes verkaufen (siehe nicht maßstabsgetreue Skizze).

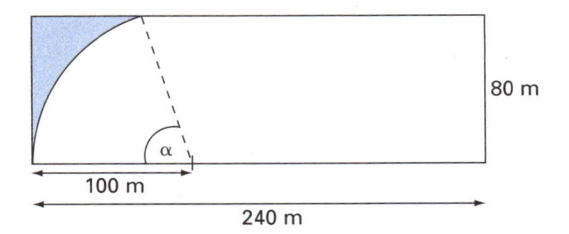

a) Fertigen Sie die Zeichnung im Maßstab 1 : 2500.

b) Berechnen Sie das Maß des Winkels α.
   Wenn Sie noch keine trigonometrischen Rechnungen durchführen können, rechnen Sie bei c) mit α = 53,13°.

c) Wie viel Prozent seines Feldes muss der Landwirt verkaufen?

Lösung

a) 240 m = 24000 cm
   100 m = 10000 cm
    80 m =   8000 cm

   Im Maßstab 1 : 2500 werden diese Werte durch 2500 dividiert!
   24000 cm : 2500 = 9,6 cm
   10000 cm : 2500 =   4 cm
    8000 cm : 2500 = 3,2 cm

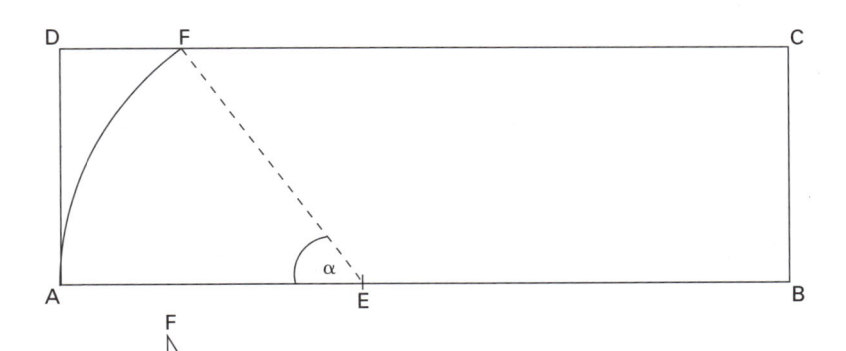

b) $\overline{FG} = \overline{BC} = 80$ cm
   Im rechtwinkligen △ GEF gilt:

   $\sin \alpha = \dfrac{80 \text{ m}}{100 \text{ m}}$

   $\alpha = 53{,}13°$

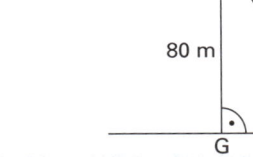

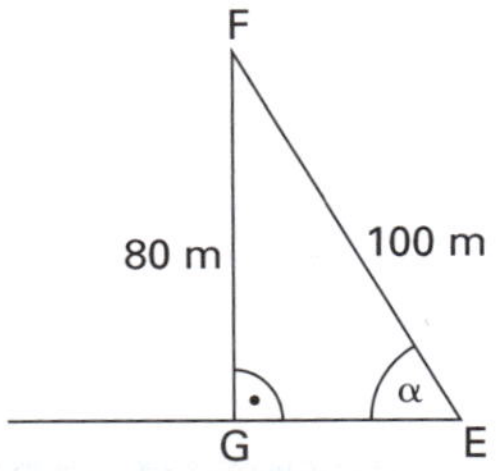

c) **1. Schritt:**
   Berechnung der Sektorfläche AEF.

   $A_{\text{Sektor AEF}} = \dfrac{53{,}13°}{360°} \cdot (100 \text{ m})^2 \cdot \pi$

   $A_{\text{Sektor AEF}} = 4636{,}47 \text{ m}^2$

   2. Schritt:
   Berechnung der Feldfläche AEFD.
   Wenn Sie noch keine trigonometrischen Rechnungen durchführen können, rechnen Sie mit $\overline{DF} = 40$ m.

Training

$$\cos 53{,}13° = \frac{\overline{GE}}{100\ m}\qquad |\cdot 100\ m$$

$\overline{GE} = 100\ m \cdot \cos 53{,}13°$

$\overline{GE} = 60\ m$

$\Rightarrow \overline{AG} = 100\ m - 60\ m$

$\overline{AG} = 40\ m$

$\Rightarrow \overline{DF} = 40\ m$

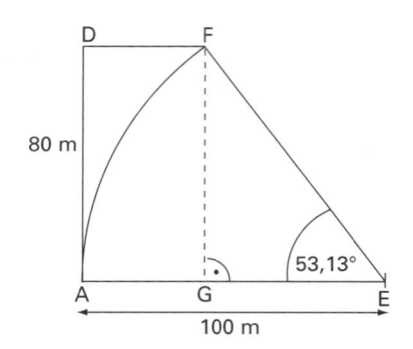

Jetzt kann der Flächeninhalt des Trapezes AEFD berechnet werden.

$A_{Trapez} = \dfrac{100\ m + 40\ m}{2} \cdot 80\ m$

$A_{Trapez} = 5600\ m^2$

$\boxed{A_{Trapez} = \dfrac{a + c}{2} \cdot h}$

3. Schritt:
Berechnung des Flächeninhalts des Feldstücks AFD.

$A_{AFD} = A_{Trapez\ AEFD} - A_{Sektor\ AEF}$

$A_{AFD} = 5600\ m^2 - 4636{,}47\ m^2$

$A_{AFD} = 963{,}53\ m^2$

4. Schritt:
Berechnung der gesamten Feldfläche.

$A_{Feld} = 240\ m \cdot 80\ m$

$A_{Feld} = 19\ 200\ m^2$

5. Schritt:
Berechnung des Prozentsatzes.

I. Möglichkeit (Dreisatz)

$19\ 200\ m^2 \ \triangleq\ 100\%$

$1\ m^2 \ \triangleq\ \dfrac{100}{19\ 200}\ \%$

$963{,}53\ m^2 \ \triangleq\ \dfrac{100 \cdot 963{,}53}{19\ 200}\ \%$

$= 5{,}02\%$

II. Möglichkeit (Formel)

$p = \dfrac{PW \cdot 100}{GW}$

$p = \dfrac{963{,}53\ m^2 \cdot 100}{19\ 200\ m^2}$

$p = 5{,}02$

Der Landwirt muss 5,02 % seines Feldes verkaufen.

Übungsaufgaben

Aufgabe 1

Berechnen Sie jeweils die fehlenden Größen.

	Radius	Durchmesser	Umfang	Bogenlänge	Mittelpunktswinkel	Kreisflächeninhalt	Sektorflächeninhalt
	r	d	u	b	α	A_K	A_S
a)	4 cm				93°		
b)				8,4 cm			56,16 cm²
c)						122,8 cm²	72,2 cm²

Aufgabe 2

Berechnen Sie den Inhalt der Sektorfläche.

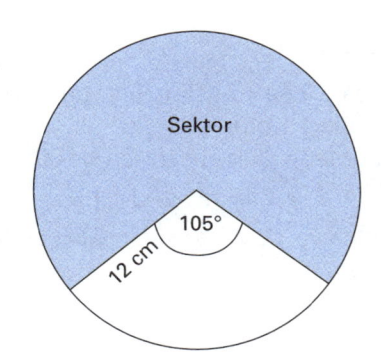

(Sektor, 105°, 12 cm)

Aufgabe 3

Die nebenstehende, nicht maßstabsgetreue Skizze zeigt den Querschnitt eines Betonrohres.

a) Berechnen Sie den Radius des inneren Kreises, wenn der äußere Radius 14,8 cm beträgt und die Kreisringfläche 361,28 cm² groß ist.

b) Berechnen Sie die Länge der beiden Radien eines 10 cm breiten Betonrings, wenn die Querschnittsfläche des Rings 2200 cm² beträgt. Runden Sie auf eine Dezimalstelle.

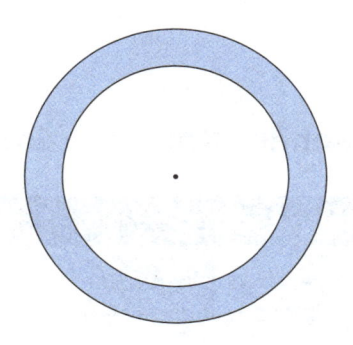

Aufgabe 4

Berechnen Sie den Flächeninhalt und den Umfang der farbigen Fläche.
$\overline{AD} = \overline{BD}$

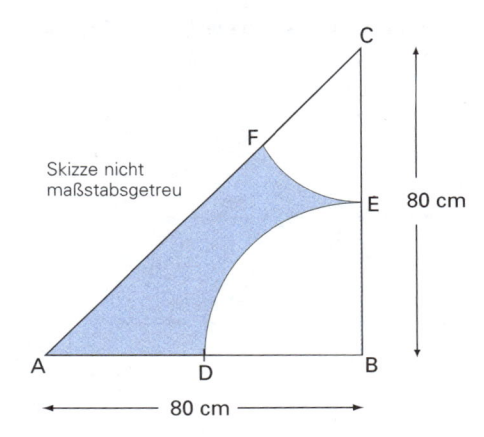

Skizze nicht maßstabsgetreu

(80 cm, 80 cm)

Aufgabe 5

In einem Park soll eine quadratische Fläche von 256 m² neu gestaltet werden.
Im Zentrum einer Rasenfläche wird ein kreisförmiges Blumenbeet angelegt, dabei soll sich die Blumenfläche zur Rasenfläche wie 2 : 3 verhalten (siehe nicht maßstabsgetreue Skizze).

a) Berechnen Sie die Blumen- und Rasenfläche.

b) Berechnen Sie den kleinsten Abstand des Blumenbeetes vom äußeren Rand der Rasenfläche.

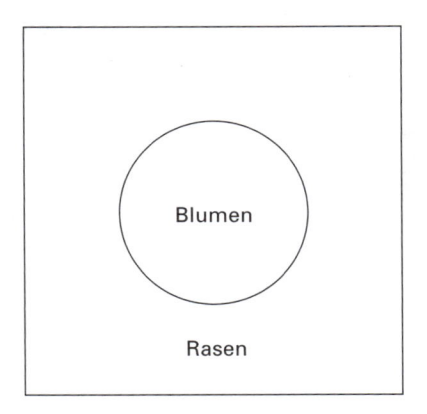

Training

Aufgabe 6

Ein großes Mosaikfenster mit verschiedenfarbigen Glasflächen soll restauriert werden.
Folgende Maße sind zusätzlich bekannt: [DC] ∥ [AB], $\overline{MF} = \overline{EF}$, $\overline{ME} = 1{,}40$ m, ∢ KMH $= \frac{1}{2} \cdot$ ∢ CMD
Berechnen Sie den Flächeninhalt der farbig gekennzeichneten Glasflächen.

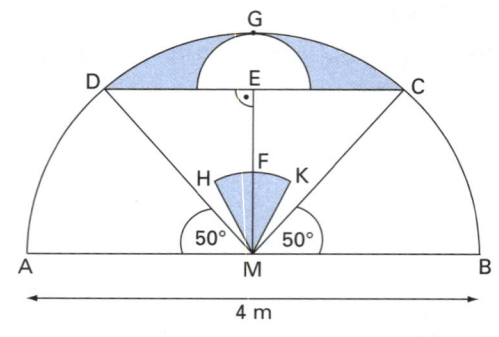

Skizze nicht maßstabsgetreu

8. Flächen (Konstruktion und Berechnung)

Basiswissen

Neben den Formeln zur Berechnung von Längen und Flächeninhalten von Dreiecken, Vierecken, Kreisen und Kreisteilen sind weiterhin wichtig:

Flächensätze am rechtwinkligen Dreieck

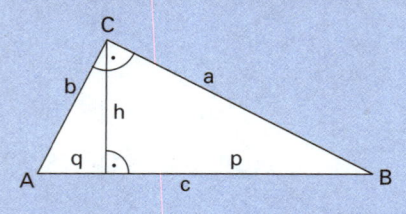

$a^2 + b^2 = c^2$	Satz des Pythagoras
$h^2 = p \cdot q$	Höhensatz
$a^2 = c \cdot p$ $\quad$ $b^2 = c \cdot q$	Kathetensatz

Zentrische Streckung

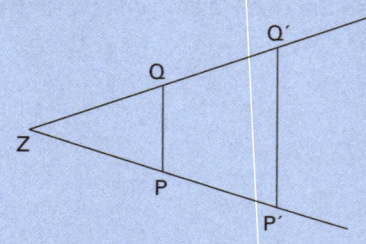

$\overline{ZP'} = |k| \cdot \overline{ZP}$

$\overline{P'Q'} = |k| \cdot \overline{PQ}$

Bei Flächeninhalten gilt:

$A' = k^2 \cdot A$

(2)

Basiswissen

Vierstreckensatz

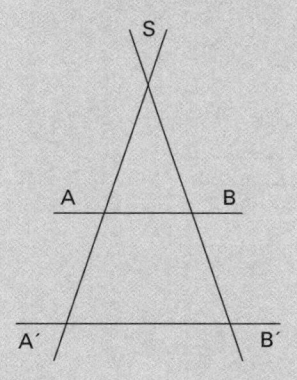

[AB] ∥ [A'B']

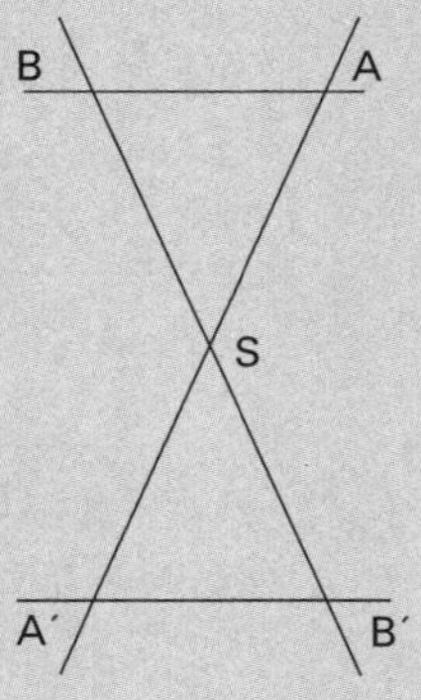

$$\overline{SA} : \overline{SA'} = \overline{SB} : \overline{SB'}$$
$$\overline{SA} : \overline{AA'} = \overline{SB} : \overline{BB'}$$

1. Vierstreckensatz

$$\overline{SA} : \overline{SA'} = \overline{AB} : \overline{A'B'}$$
$$\overline{SB} : \overline{SB'} = \overline{AB} : \overline{A'B'}$$

2. Vierstreckensatz

Trigonometrische Berechnungen am rechtwinkligen Dreieck

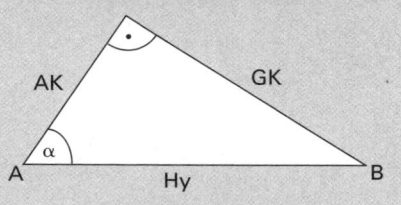

$$\sin \alpha = \frac{\text{Gegenkathete GK}}{\text{Hypotenuse Hy}}$$

$$\cos \alpha = \frac{\text{Ankathete AK}}{\text{Hypotenuse Hy}}$$

$$\tan \alpha = \frac{\text{Gegenkathete GK}}{\text{Ankathete AK}}$$

Trigonometrische Berechnungen am allgemeinen Dreieck

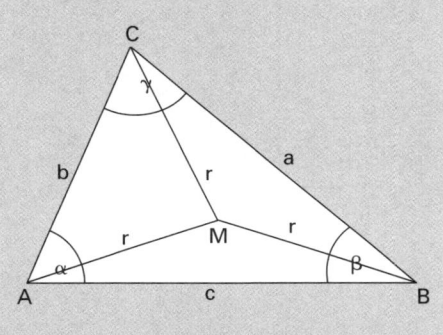

Sinussatz

$$\frac{a}{\sin \alpha} = \frac{b}{\sin \beta} = \frac{c}{\sin \gamma} = 2r$$

r = Radius des Umkreises

Kosinussatz

$$a^2 = b^2 + c^2 - 2bc \cdot \cos \alpha$$
$$b^2 = a^2 + c^2 - 2ac \cdot \cos \beta$$
$$c^2 = a^2 + b^2 - 2ab \cdot \cos \gamma$$

Flächeninhalt

$$A = \frac{1}{2} \cdot ab \cdot \sin \gamma$$
$$A = \frac{1}{2} \cdot ac \cdot \sin \beta$$
$$A = \frac{1}{2} \cdot bc \cdot \sin \alpha$$

Berechnungen im Koordinatensystem

Streckenlänge

[PQ] parallel zur y-Achse

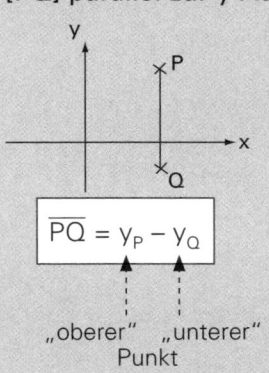

$$\overline{PQ} = y_P - y_Q$$

„oberer" „unterer" Punkt

[PQ] parallel zur x-Achse

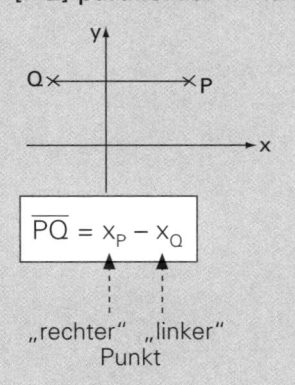

$$\overline{PQ} = x_P - x_Q$$

„rechter" „linker" Punkt

[PQ] in allgemeiner Lage

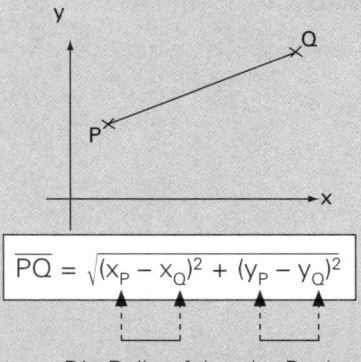

$$\overline{PQ} = \sqrt{(x_P - x_Q)^2 + (y_P - y_Q)^2}$$

Die Reihenfolge der Punkte darf vertauscht werden.

Training

Basiswissen

Berechnungen im Koordinatensystem

Länge eines Vektors

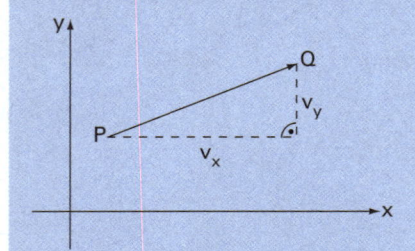

$$\vec{PQ} = \begin{pmatrix} v_x \\ v_y \end{pmatrix} \Rightarrow |\vec{PQ}| = \sqrt{v_x^2 + v_y^2}$$

Flächeninhalt von Dreieck und Parallelogramm

Dreieck

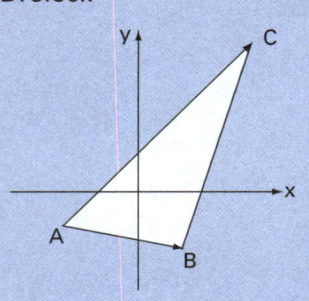

$A = \frac{1}{2} \left| \vec{AB} \; \vec{AC} \right|$

$A = \frac{1}{2} \left| \vec{BC} \; \vec{BA} \right|$

$A = \frac{1}{2} \left| \vec{CA} \; \vec{CB} \right|$

In der Determinante müssen die Vektoren „gegen den Uhrzeigersinn" angeordnet sein!

Parallelogramm

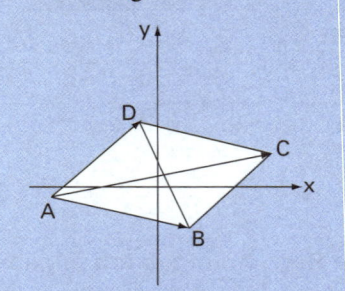

$A = \left| \vec{AB} \; \vec{AC} \right|$

$A = \left| \vec{AB} \; \vec{AD} \right|$

$A = \left| \vec{BD} \; \vec{BA} \right|$

$A = \left| \vec{BC} \; \vec{BA} \right|$

Typische Aufgabenstellung

Ein sehr großes landwirtschaftliches Grundstück (siehe nebenstehende nicht maßstabsgetreue Skizze) soll geteilt werden. Die Trennlinie [DE] verläuft parallel zur Grundstücksgrenze [BC].

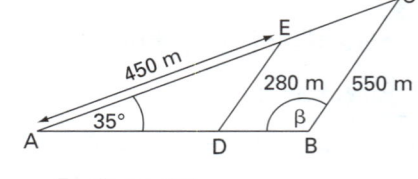

Es gilt: $\beta > 90°$

Aufgabe 1

Zeichnen Sie das Grundstück im Maßstab 1 : 10 000.

Lösung

Konstruktionsbeschreibung
1) Zeichnen von [AB
2) An A α = 35° antragen ⇒ [AC
3) Kreis (A; 4,5 cm) ∩ [AC = {E}
4) Kreis (E; 2,8 cm) ∩ [AB = {D}
   Wegen β > 90° gibt es nur einen Punkt D!
5) [DE über E hinaus verlängern, bis $\overline{DC'}$ = 5,5 cm
6) Parallele zu [AB durch C' ∩ [AC = {C}
7) Parallele zu [DE] durch C ∩ [AB = {B}

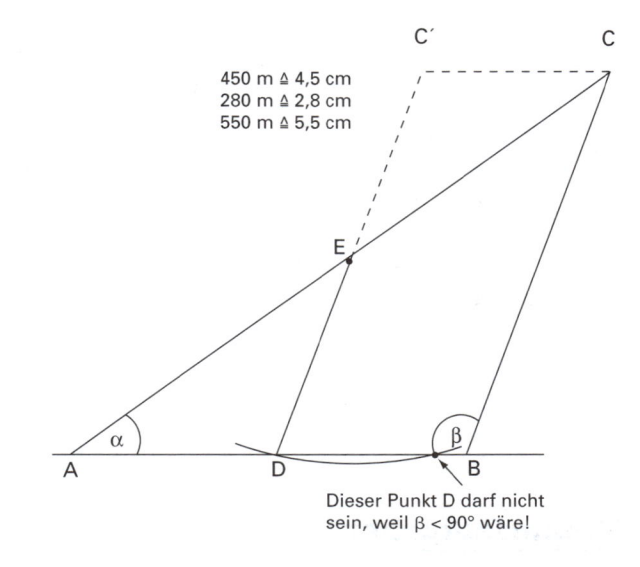

450 m ≙ 4,5 cm
280 m ≙ 2,8 cm
550 m ≙ 5,5 cm

Dieser Punkt D darf nicht sein, weil β < 90° wäre!

Aufgabe 2

Berechnen Sie das Maß des Winkels β.

Lösung

∢ EDA = β (Stufenwinkel zum ∢ CBA)

Nach dem **Sinussatz** gilt:

$$\frac{\sin \beta}{450 \text{ m}} = \frac{\sin 35°}{280 \text{ m}} \quad |\cdot 450 \text{ m}$$

$$\sin \beta = \frac{450 \text{ m} \cdot \sin 35°}{280 \text{ m}}$$

$\hat{\beta} = 67{,}19°$ ⇒ β = 180° − 67,19°
                        β = 112,81°

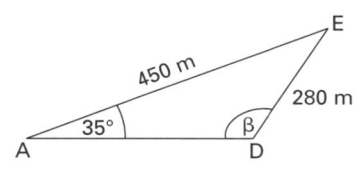

$\sin \beta = \sin (180° - \beta)$

Aufgabe 3

Berechnen Sie $\overline{EC}$. Runden Sie auf ganze Meter.

Lösung

I. Möglichkeit (Vierstreckensatz)

$$\frac{\overline{AC}}{\overline{AE}} = \frac{\overline{BC}}{\overline{DE}}$$

$$\frac{\overline{AC}}{450 \text{ m}} = \frac{550 \text{ m}}{280 \text{ m}} \quad |\cdot 450 \text{ m}$$

$$\overline{AC} = \frac{550 \text{ m} \cdot 450 \text{ m}}{280 \text{ m}}$$

$\overline{AC} = 883{,}93$ m ⇒ $\overline{AC}$ = 884 m
⇒ $\overline{EC}$ = 884 m − 450 m
$\overline{EC}$ = 434 m

II. Möglichkeit (Sinussatz im △ ABC)

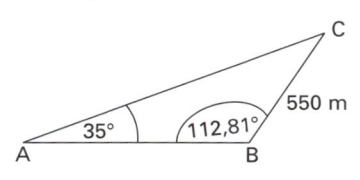

$$\frac{\overline{AC}}{\sin 112{,}81°} = \frac{550 \text{ m}}{\sin 35°} \quad |\cdot \sin 112{,}81°$$

$$\overline{AC} = \frac{550 \text{ m} \cdot \sin 112{,}81°}{\sin 35°}$$

$\overline{AC} = 883{,}91$ m ⇒ $\overline{AC}$ = 884 m
⇒ $\overline{EC}$ = 434 m

Training

Aufgabe 4

Berechnen Sie den Flächeninhalt des Grundstücks.
Geben Sie das Ergebnis in Hektar an und runden Sie auf eine Dezimalstelle.

Lösung

$A = \frac{1}{2} \overline{AC} \cdot \overline{BC} \cdot \sin \gamma$

$A = \frac{1}{2} \cdot 884 \text{ m} \cdot 550 \text{ m} \cdot \sin 32{,}19°$

$A = 129\,506{,}32 \text{ m}^2$ $\gamma = 180° - 35° - 112{,}81°$
$A = 13{,}0$ ha $\gamma = 32{,}19°$

Das Grundstück ist 13 ha groß.

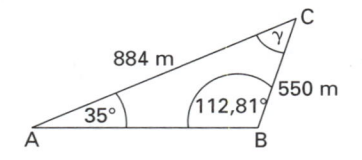

Übungsaufgaben

Aufgabe 1

a) $h = 8$ cm, $A = 48$ cm², $\alpha = 68°$
   Berechnen Sie die Längen der Seiten a, b, c.

b) Berechnen Sie α, γ, a, b, w_α, $A_{\triangle ABC}$.

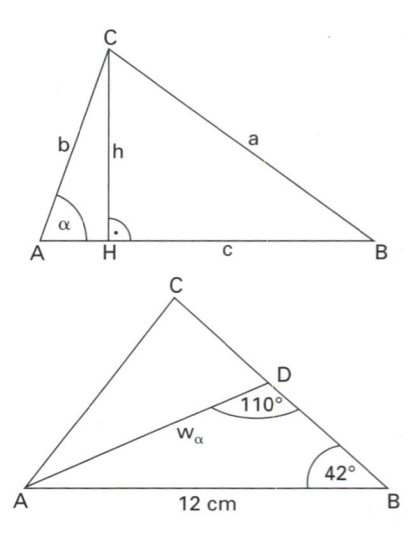

Aufgabe 2

a) $\overline{AB} = 8$ cm, $\overline{BC} = 9$ cm, $\overline{BD} = 10$ cm, ∢ CBD = 63°
   Berechnen Sie $\overline{AC}$.

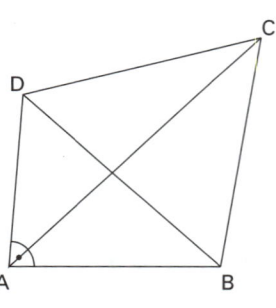

b) $\overline{AB} = 120$ m, $\overline{BC} = 140$ m, $\overline{BD} = 160$ m
   ∢ CBA = 78°, ∢ DCB = 70°
   Zeichnen Sie das Viereck ABCD im Maßstab 1 : 2000 und bestimmen Sie aus der Zeichnung die Länge der Seite [CD]. Überprüfen Sie sodann den zeichnerischen Wert durch Rechnung.

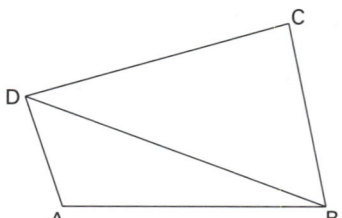

Aufgabe 3

A (-3 | -1) B (4 | -3) C (1 | 4)

a) Zeichnen Sie das Dreieck ABC.

b) Berechnen Sie den Flächeninhalt.

c) Berechnen Sie die Maße der Innenwinkel.

Aufgabe 4

Die S-Bahn einer Großstadt fährt zwischen den Punkten A und B unter der Erde (siehe nicht maßstabsgetreue Skizze). Es gelten folgende Maße: $\alpha = 3°$, h = 12 m, $\overline{CD}$ = 3252 m, [CD] || [AB]. Steigung zwischen D und B: 1,3 %
Berechnen Sie die Entfernung zwischen den Punkten A und B. Runden Sie alle Ergebnisse auf ganze Meter.

Aufgabe 5

In die Dachschräge eines Zimmers soll ein Querbalken [DE] eingebaut werden (siehe nicht maßstabsgetreue Skizze).
Es gilt: [DE] || [AB], $\overline{AC}$ = 2,40 m, $\overline{AB}$ = 3,20 m, $\overline{CE}$ = 2,10 m.

a) Berechnen Sie die Länge des Querbalkens.

b) In welcher Höhe über dem Fußboden verläuft der Querbalken?

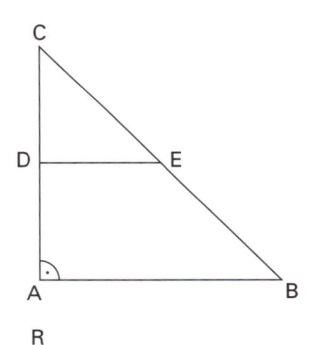

Aufgabe 6

Zwischen den beiden Ortschaften P und Q liegt ein Waldgebiet mit kleinen Seen. Von einem Ort zum anderen kann man nur über die Ortschaften R und S gelangen (siehe nicht maßstabsgetreue Skizze).
Folgende Maße sind bekannt:
$\overline{PS}$ = 650 m, $\overline{SQ}$ = 2,8 km, ∢ SPQ = 41°,
∢ QPR = 11°, ∢ PRQ = 149°.
Runden Sie alle Streckenlängen auf ganze Meter und alle Prozentwerte auf zwei Dezimalstellen.

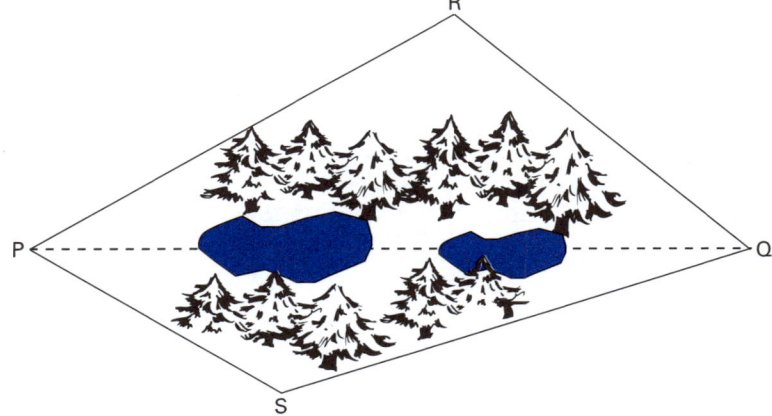

a) Berechnen Sie die Luftlinienentfernung zwischen den Ortschaften P und Q.

b) Berechnen Sie die Länge des Weges von Ort P zu Ort Q über den Ort R.

c) Wie viel Prozent ist der Weg über die Ortschaft R länger als die Luftlinienentfernung?

d) Wie viel Prozent ist die Luftlinienentfernung kürzer als der Weg über die Ortschaft R?

9. Körper (Konstruktion und Berechnung)

Basiswissen

Neben den Formeln zur Berechnung von Längen, Rauminhalten, Oberflächeninhalten von Prismen, Pyramiden, Zylindern, Kegeln und Kugeln sind weiterhin wichtig: Flächensätze am rechtwinkligen Dreieck, zentrische Streckung, Vierstreckensatz und trigonometrische Berechnungen (siehe Themenbereich „Flächen").

Typische Aufgabenstellung

Aufgabe 1

Die Grundfläche der Pyramide ABCDS ist ein Quadrat mit der Seitenlänge $\overline{AB}$ = 6 cm.
Weiterhin gilt: h = $\overline{MS}$ = 12 cm.
Berechnen Sie die Kantenlänge $\overline{BS}$.

Die Aufgaben 1 – 4 beziehen sich auf diese nicht maßstabsgetreue Skizze.

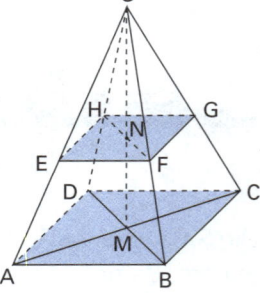

(3)

Lösung

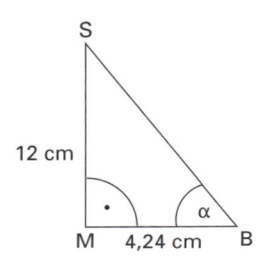

Nach dem Satz des Pythagoras gilt:
$\overline{BS}^2$ = (4,24 cm)² + (12 cm)²
$\overline{BS}$ = 12,73 cm

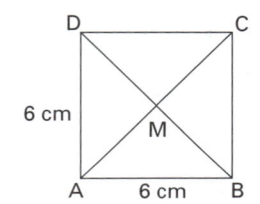

Länge der Diagonalen:
$\overline{BD}$ = 6$\sqrt{2}$ cm
⇒ $\overline{MB}$ = 3$\sqrt{2}$ cm
$\overline{MB}$ = 4,24 cm

Diagonale:
$$d = a\sqrt{2}$$

Aufgabe 2

Berechnen Sie den Neigungswinkel einer Seitenkante zur Grundfläche.

Lösung

Siehe Skizze zu Aufgabe 1:
$\tan \alpha = \dfrac{12 \text{ cm}}{4,24 \text{ cm}}$
$\alpha = 70,54°$

Aufgabe 3

Berechnen Sie $\overline{EF}$, wenn $\overline{MN}$ = 5 cm.

Lösung

Nach dem Vierstreckensatz gilt:

$\dfrac{\overline{EF}}{\overline{AB}} = \dfrac{\overline{SN}}{\overline{SM}}$ | $\cdot \overline{AB}$

$\overline{EF} = \dfrac{\overline{SN} \cdot \overline{AB}}{\overline{SM}}$ $\overline{SN}$ = 12 cm – 5 cm

$\overline{EF} = \dfrac{7\ cm \cdot 6\ cm}{12\ cm}$ $\overline{SN}$ = 7 cm

$\overline{EF}$ = 3,5 cm

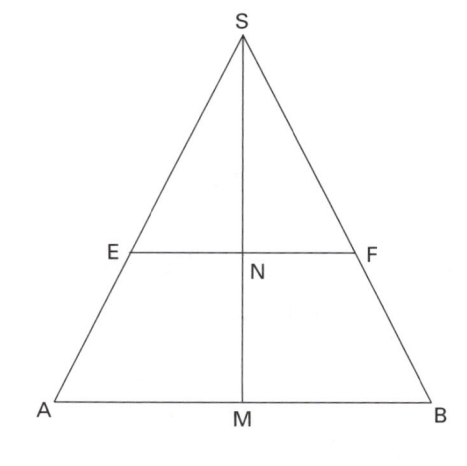

Aufgabe 4

Berechnen Sie das Volumen der Pyramide EFGHS.

Lösung

$V = \dfrac{1}{3} G \cdot h$ G = 3,5 cm · 3,5 cm   h = 7 cm
           G = 12,25 cm²

$V = \dfrac{1}{3} \cdot 12{,}25\ cm^2 \cdot 7\ cm$

V = 28,58 cm³

Übungsaufgaben

Aufgabe 1

Für den nebenstehenden Quader gelten folgende Maße: $\overline{AB}$ = 8 cm, $\overline{BC}$ = 6 cm, $\overline{AE}$ = 4 cm
Die Diagonalen [BH] und [DF] schneiden sich im Punkt M.

a) Zeichnen Sie ein Schrägbild des Quaders ([AB] liegt auf der Schrägbildachse, $q = \dfrac{1}{2}$, $\omega = 45°$).
Zeichnen Sie auch die Diagonalen [BH] und [DF] sowie den Punkt M ein.

b) Berechnen Sie das Maß ε des Winkels ∢ DMB.

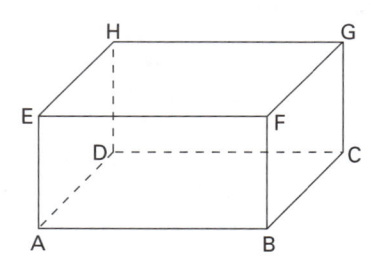

Aufgabe 2

In der nicht maßstabsgetreuen Skizze ist eine große Lagerhalle dargestellt.

a) Berechnen Sie den umbauten Raum.

b) In den Dachraum soll ein zusätzlicher Boden eingebaut werden, der parallel zur Grundfläche verläuft (in der Skizze blau dargestellt). Der obere Teil des Dachraumes soll 7,5% des Gesamtvolumens der Lagerhalle betragen.
Berechnen Sie die Höhe des oberen Dachraumes.

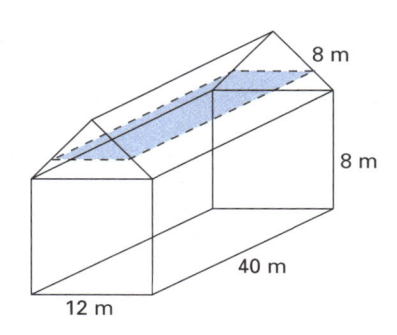

Training

Aufgabe 3

Als Schutz gegen die Überflutung des Hinterlandes wird entlang einer geradlinig verlaufenden Küstenlinie ein 350 m langer Damm gebaut. Er ist an der Sohle 30 m breit, der Böschungswinkel hat an der Meeresseite das Maß 30°, an der Landseite 40°. Der Damm soll insgesamt 7,5 m hoch werden.

a) Zeichnen Sie den Querschnitt des Damms im Maßstab 1 : 500.

b) Berechnen Sie die Breite des Damms an der Krone.

c) Wie viele Kubikmeter Baumaterial werden insgesamt benötigt?

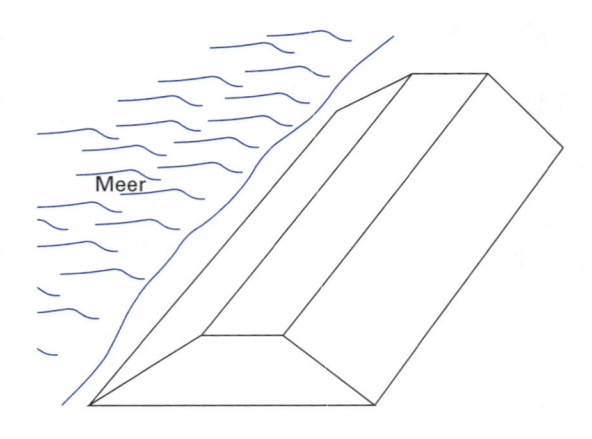

Aufgabe 4

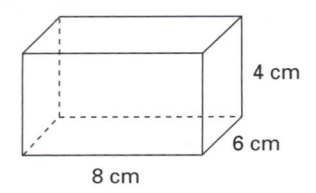

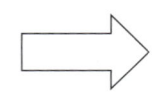

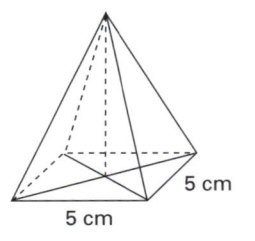

Das Kantenmodell des Quaders besteht aus Draht. (8 cm, 6 cm, 4 cm)

Mit dem Draht des Quaders soll ein Kantenmodell dieser Pyramide geformt werden. (Grundkante 5 cm, Seitenkante 5 cm)

a) Berechnen Sie die Höhe h der Pyramide.

b) Berechnen Sie das Maß des Neigungswinkels einer Seitenkante zur Grundfläche.

c) Zeichnen Sie das Schrägbild der Pyramide ($q = \frac{1}{2}$; $\omega = 45°$).

Aufgabe 5

Ein Schwimmbecken ist 20 m lang, 8 m breit und 3 m tief. Es ist zu 85% mit Wasser gefüllt.

a) Wie viele cm liegen zwischen Wasseroberfläche und dem oberen Beckenrand?

b) Das Wasser soll bis zum Beckenrand aufgefüllt werden. Wie lange dauert der Füllvorgang, wenn aus zwei Rohren insgesamt pro Sekunde 15 Liter Wasser eingefüllt werden?

Aufgabe 6

Die nicht maßstabsgetreue Skizze zeigt den Axialschnitt durch einen zusammengesetzten Rotationskörper.

a) Berechnen Sie das Volumen des Gesamtkörpers.

b) Berechnen Sie den Oberflächeninhalt des Gesamtkörpers.

c) Berechnen Sie das Maß des Öffnungswinkels des Kegels.

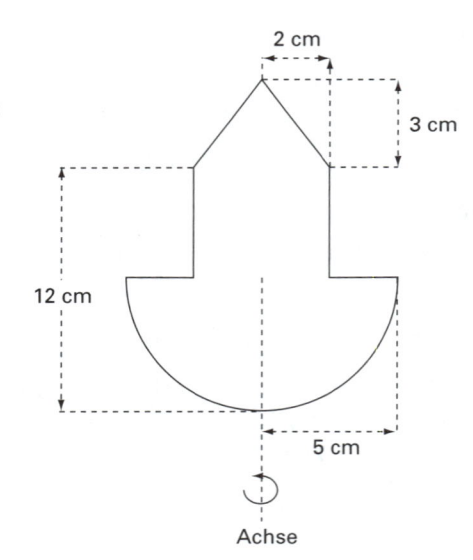

10. Berechnungen in Abhängigkeit einer Variablen

Basiswissen

Alle Formeln zur Berechnung von Streckenlängen, Flächen- und Rauminhalten, Winkelmaßen etc. behalten ihre Gültigkeit, wenn neben konstanten Größen auch Variablen vorkommen.
Sehr oft muss bei diesen Aufgaben ein Definitionsbereich festgelegt werden.

Typische Aufgabenstellung

Aufgabe 1

$p_1: y = x^2 - 4x + 5$, $p_2: y = \frac{1}{2}x^2 - x - 1{,}5$, $P_n \in p_1$, $Q_n \in p_2$, $x_{P_n} = x_{Q_n}$.

Zeichnen Sie p_1 und p_2 in ein Koordinatensystem und für $x_{P_n} = \{0{,}5;\ 1{,}5;\ 2{,}5\}$ drei Strecken $[P_1Q_1]$, $[P_2Q_2]$, $[P_3Q_3]$.

Lösung

Bestimmung der Scheitelkoordinaten S_1 und S_2:

$y = x^2 - 4x + 5$
$y = x^2 - 4x + 2^2 - 2^2 + 5$
$y = (x - 2)^2 + 1 \quad \Rightarrow S_1\,(2\mid 1)$

$y = \frac{1}{2}x^2 - x - 1{,}5$
$y = \frac{1}{2}[x^2 - 2x - 3]$
$y = \frac{1}{2}[x^2 - 2x + 1^2 - 1^2 - 3]$
$y = \frac{1}{2}[(x - 1)^2 - 4]$
$y = \frac{1}{2}(x - 1)^2 - 2 \quad \Rightarrow S_2\,(1\mid -2)$

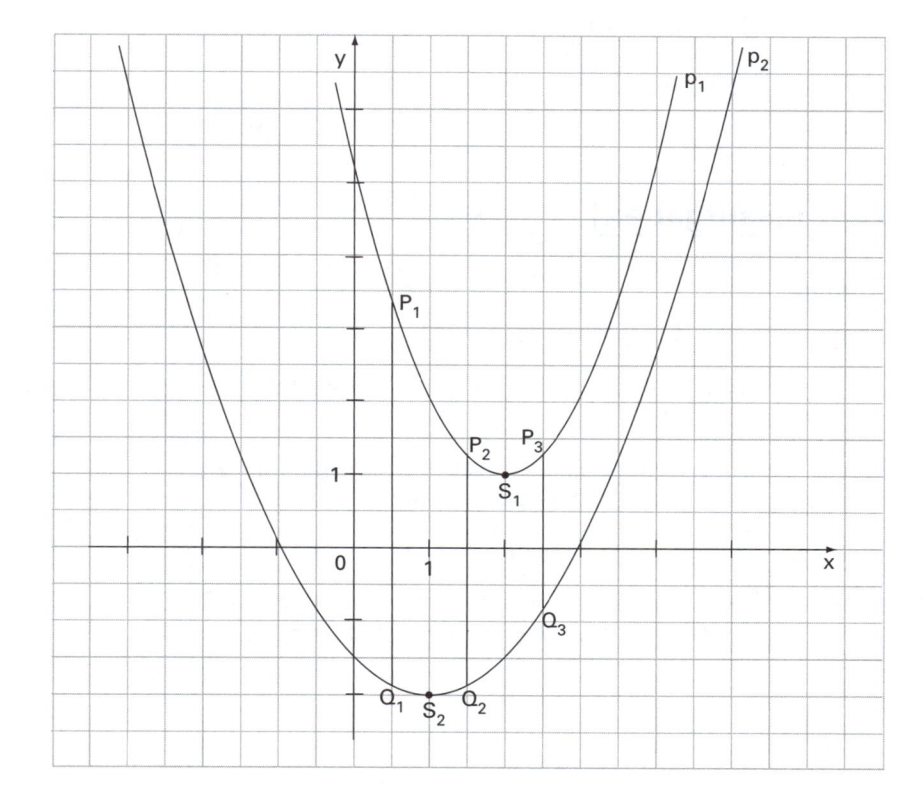

Aufgabe 2

Berechnen Sie die Streckenlängen $\overline{P_nQ_n}\,(x)$ in Abhängigkeit des x-Wertes der Punkte P_n und bestimmen Sie den Extremwert.

Training

Lösung

Die Punkte P_n und Q_n haben den gleichen x-Wert, deshalb gilt: $\overline{P_nQ_n}(x) = y_{P_n} - y_{Q_n}$

$P_n(x \mid x^2 - 4x + 5)$ $Q_n(x \mid \frac{1}{2}x^2 - x - 1{,}5)$

Vom y-Wert des „oberen" Punktes wird der y-Wert des „unteren" Punktes subtrahiert!

$\overline{P_nQ_n}(x) = \left[x^2 - 4x + 5 - \left(\frac{1}{2}x^2 - x - 1{,}5\right)\right]$ LE

$\overline{P_nQ_n}(x) = \left(x^2 - 4x + 5 - \frac{1}{2}x^2 + x + 1{,}5\right)$ LE

$\overline{P_nQ_n}(x) = \left(\frac{1}{2}x^2 - 3x + 6{,}5\right)$ LE

Bestimmung des Extremwertes:

$\overline{P_nQ_n}(x) = \left(\frac{1}{2}x^2 - 3x + 6{,}5\right)$ LE

$\overline{P_nQ_n}(x) = \frac{1}{2}[x^2 - 6x + 13]$ LE   Faktor bei x^2 ausklammern

$\overline{P_nQ_n}(x) = \frac{1}{2}[x^2 - 6x + 3^2 - 3^2 + 13]$ LE   quadratische Ergänzung

$\overline{P_nQ_n}(x) = \frac{1}{2}[(x - 3)^2 + 4]$ LE   Binom

$\overline{P_nQ_n}(x) = \left[\frac{1}{2}(x - 3)^2 + 2\right]$ LE   eckige Klammer auflösen

$\Rightarrow \overline{P_nQ_n}(x)_{min} = 2$ LE für $x = 3$

Übungsaufgaben

Aufgabe 1

$A(-2 \mid -1)$, $B(4 \mid -3)$, $g: y = \frac{1}{2}x + 3$, $D_n \in g$

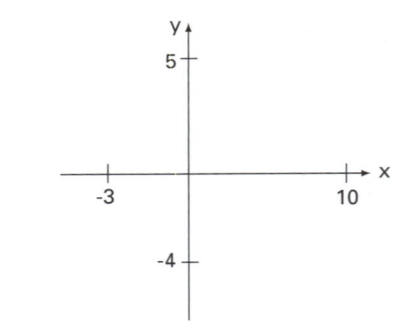

a) Zeichnen Sie für $x_D \in \{-1; 1; 3\}$ drei Parallelogramme ABC_1D_1, ABC_2D_2, ABC_3D_3.

b) Berechnen Sie den Flächeninhalt der Parallelogramme ABC_nD_n in Abhängigkeit des x-Wertes der Punkte D_n.

c) Berechnen Sie den Flächeninhalt für $x = 1{,}5$.

d) Für welche x-Werte gibt es keine Parallelogramme ABC_nD_n? Begründen Sie Ihre Entscheidung durch Rechnung.

Aufgabe 2

Das Dreieck ABC ist gleichseitig mit der Seitenlänge a.

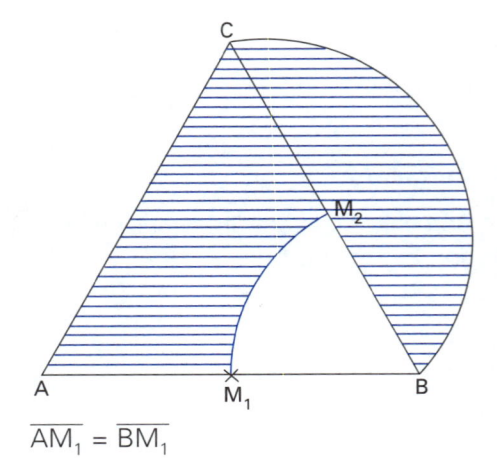

a) Berechnen Sie den Flächeninhalt der farbigen Figur in Abhängigkeit von a.

b) Berechnen Sie den Umfang der farbigen Figur in Abhängigkeit von a.

c) Berechnen Sie den Flächeninhalt und den Umfang für $a = 4$ cm.

$\overline{AM_1} = \overline{BM_1}$

Aufgabe 3

Geben Sie bei allen drei Aufgaben auch den Definitionsbereich für die Variable an.

a) Bestimmen Sie $\overline{AP_n}$ (x). b) Bestimmen Sie $\overline{BP_n}$ (α).

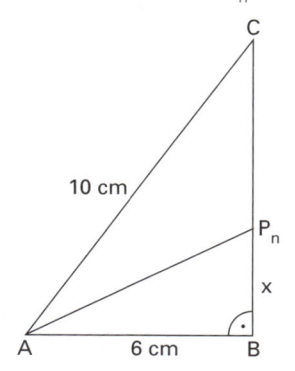

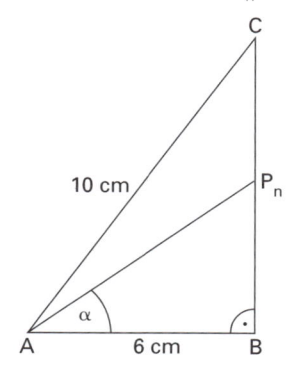

c) Bei einem Würfel mit der Kantenlänge 6 cm wird [AE] um 2x cm verkürzt und [AB] um x cm verlängert.
Es entstehen Quader AB′C′DE′F′G′H′ (siehe nicht maßstabsgetreue Skizze).
Berechnen Sie die Länge der Diagonalen [B′H′] in Abhängigkeit von x.

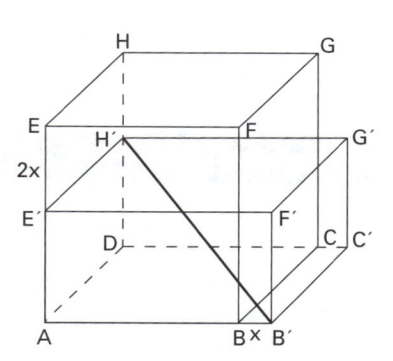

Aufgabe 4

$p_1: y = x^2 + 2x$ $p_2: y = (x - 2)^2 + 3$
$P_n \in p_1$ $Q_n \in p_2$ $x_{Q_n} = x_{P_n} + 2$

a) Zeichnen Sie p_1, p_2 und für $x_P \in \{-2; -1; 1; 2\}$ vier Strecken [P_1Q_1], [P_2Q_2], [P_3Q_3], [P_4Q_4] in ein Koordinatensystem.

b) Geben Sie die Koordinaten von Q_n in Abhängigkeit der x-Koordinate der Punkte P_n an.

c) Bestimmen Sie $\overline{P_nQ_n}$ (x) in Abhängigkeit der x-Koordinate der Punkte P_n.

d) Berechnen Sie die kürzeste Streckenlänge $\overline{P_0Q_0}$ und den zugehörigen x-Wert. Zeichnen Sie [P_0Q_0] in das Koordinatensystem ein.

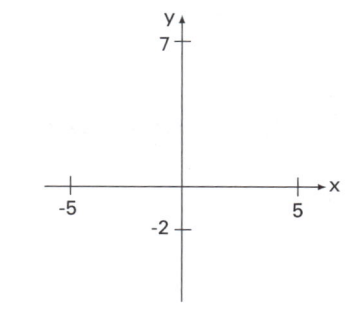

Aufgabe 5

Die Grundfläche der Pyramide ABCDS ist ein Quadrat mit der Seitenlänge a = 8 cm. Die Spitze S liegt senkrecht über dem Diagonalschnittpunkt H und es gilt: $\overline{HS}$ = 12 cm. Verlängert man [AB] über B hinaus und [DC] über C hinaus um jeweils 2x cm und verkürzt gleichzeitig die Höhe von S aus um 3x cm, so entstehen neue Pyramiden $AB_nC_nDS_n$.

a) Zeichnen Sie die Pyramide ABCDS und für x = 1,5 eine Pyramide $AB_1C_1DS_1$ (Schrägbildachse [CD]; $q = \frac{1}{2}$; $\omega = 45°$).

b) Bestimmen Sie $\mathbb{D}$ (x).

c) Berechnen Sie den Flächeninhalt der Seitenflächen $B_nC_nS_n$ in Abhängigkeit von x.

d) Berechnen Sie das Volumen der Pyramiden $AB_nC_nDS_n$ in Abhängigkeit von x.
[Ergebnis: V(x) = (-16x² + 256) cm³]

e) Bestimmen Sie den Extremwert des Volumens nicht durch Rechnung, sondern nur durch logische, mathematisch korrekte Schlussfolgerungen.

Aufgabe 6

p: y = (x + 1)² − 3,   g: y = -x + 2, $P_n \in p$,   g ∩ p = {Q; T}, $x_Q > x_T$

a) Zeichnen Sie p, g und für $x_{P_n} \in \{-2; -1\}$ zwei Parallelogramme P_1QR_1T und P_2QR_2T in ein Koordinatensystem.

b) Berechnen Sie die Koordinaten von Q und T.

c) Berechnen Sie die Länge der Diagonalen [P_nR_n] in Abhängigkeit der Abszisse x der Punkte P_n. [Ergebnis: $\overline{P_nR_n} = \sqrt{4x^4 + 16x^3 - 24x^2 - 76x + 130}$ LE]

d) Bestätigen Sie durch Rechnung: $\overline{P_1R_1} = \sqrt{122}$ LE

e) Berechnen Sie die Koordinaten des Punktes P_0, damit P_0QR_0T eine Raute ist. Zeichnen Sie diese Raute in das Koordinatensystem zu a) ein.

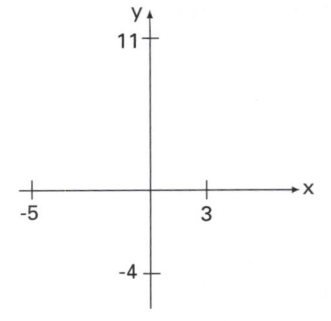

11. Interpretation von Tabellen, Graphen, Diagrammen und Schaubildern

Basiswissen

Sehr oft werden Informationen nicht in Form eines Textes gegeben, sondern mithilfe von Tabellen, Graphen, Diagrammen und Schaubildern. Solche Darstellungen dienen dazu, bestimmte Sachverhalte übersichtlicher beziehungsweise anschaulicher zu gestalten und zu verdeutlichen. Einerseits muss man die Aussagekraft dieser „bildhaften" Informationen erkennen, um damit Berechnungen und logische Schlussfolgerungen ausführen zu können. Andererseits muss man mathematische Informationen und Ergebnisse in knapper, übersichtlicher Form darstellen können.

Typische Aufgabenstellung

Aufgabe 1

Bei der Berechnung des Flächeninhalts in Abhängigkeit von x erhält man folgendes Ergebnis:
A (x) = $-\frac{1}{2}$x² + 4x − 1,5.

Welcher der folgenden vier Graphen Ⓐ bis Ⓓ trifft für den veränderlichen Flächeninhalt zu? Entscheiden Sie **ohne** Rechnung, nur durch Anwendung von Grundkenntnissen und logischen Folgerungen.

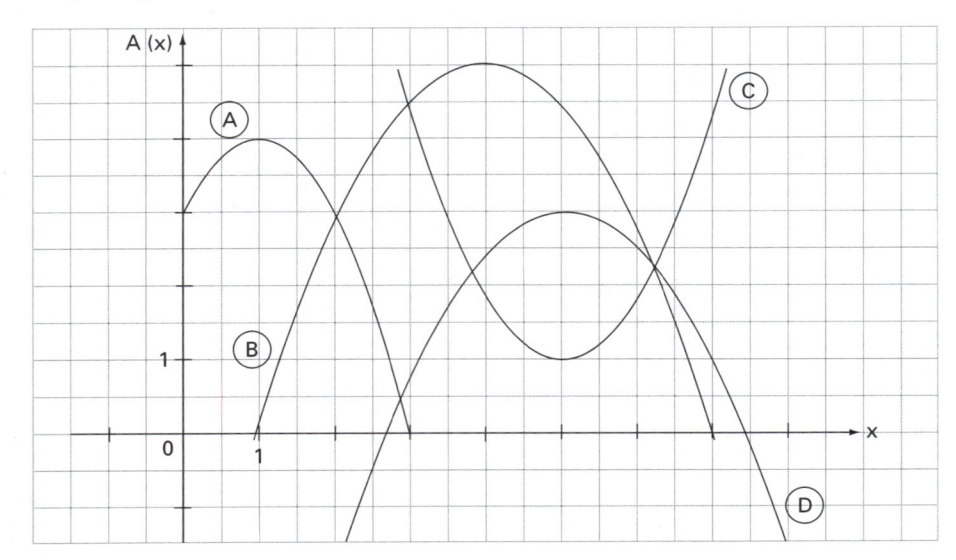

Lösung

Der Flächeninhalt wird durch eine nach unten geöffnete Parabel p: $y = -\frac{1}{2} x^2$ ... dargestellt.

Graph Ⓒ trifft nicht zu, weil diese Parabel nach oben geöffnet ist.

Graph Ⓐ trifft nicht zu, weil er eine nach unten geöffnete Normalparabel darstellt.

Graph Ⓓ trifft nicht zu, weil der Graph teilweise unterhalb der x-Achse verläuft. Der Flächeninhalt kann aber nicht negativ sein.

⇒ Richtig ist Graph Ⓑ.

Aufgabe 2

Eine Befragung aller Schülerinnen und Schüler der 10. Klasse einer Realschule nach ihren Berufswünschen ergab folgendes Ergebnis (siehe Säulendiagramm):

Ⓐ Ich mache eine Lehre bei einer Bank/Sparkasse.

Ⓑ Ich mache eine Lehre in einem Industriebetrieb.

Ⓒ Ich besuche eine weiterführende Schule.

Ⓓ Ich habe mich noch nicht entschieden.

Angaben in Prozent aller Befragten.

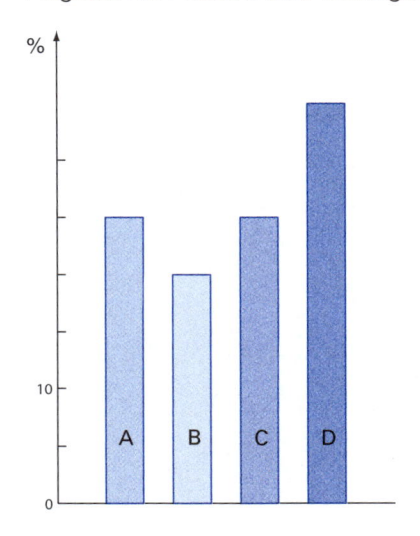

Kreuzen Sie die richtige Antwort an.
Begründen Sie Ihre Entscheidung.

1	Das Säulendiagramm ist richtig.	
2	Das Säulendiagramm ist falsch.	
3	Man kann wegen unzureichender Information keine zuverlässige Aussage treffen.	

Lösung

Die Antwort ② trifft zu, weil die Summe aller Prozentwerte (25% + 20% + 25% + 35% = 105%) über 100% beträgt.

Übungsaufgaben

Aufgabe 1

a) Katja sollte die Altersstruktur der Schülerinnen und Schüler ihrer Schule in einem Säulendiagramm darstellen. Sie gibt ihrem Lehrer das folgende Diagramm ab:

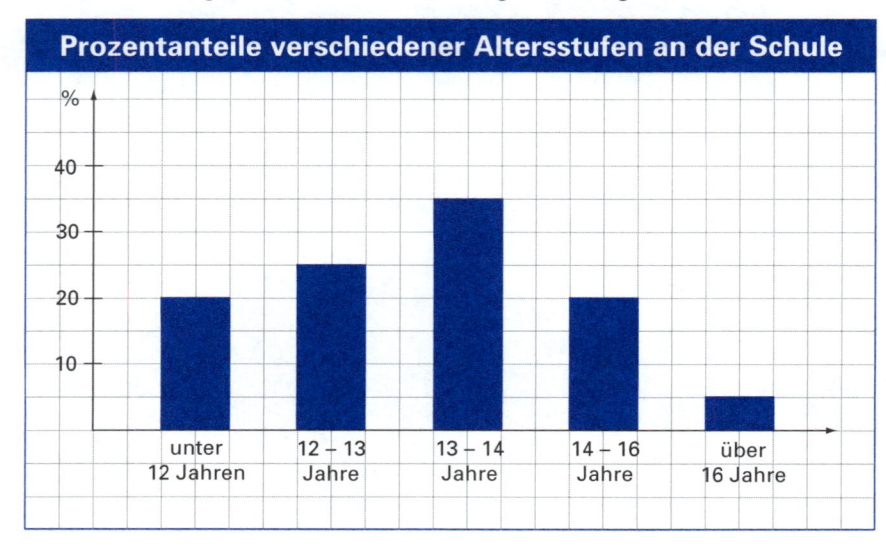

Prozentanteile verschiedener Altersstufen an der Schule

(Säulendiagramm: unter 12 Jahren: 20 %, 12–13 Jahre: 25 %, 13–14 Jahre: 35 %, 14–16 Jahre: 20 %, über 16 Jahre: ca. 5 %)

Hat Katja alles richtig gemacht? Begründen Sie Ihre Entscheidung.

b) Im Diagramm sind die Anzahl der Aus- und Einsteiger an verschiedenen Bushaltestellen dargestellt.

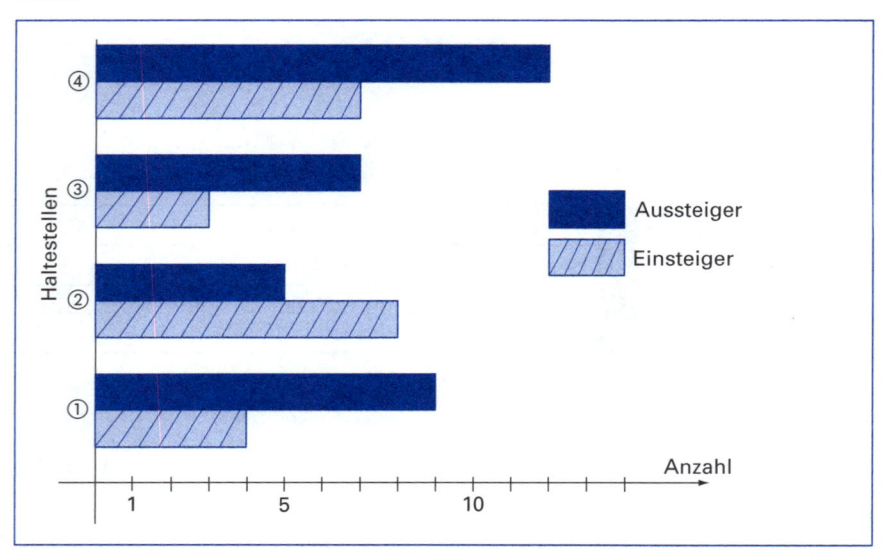

(Balkendiagramm mit Haltestellen ① bis ④, Aussteiger und Einsteiger)

An welcher Haltestelle ist der prozentuale Unterschied zwischen Aus- und Einsteigern am größten? Begründen Sie Ihre Entscheidung durch Rechnung.

c) Zwei Personengruppen wurden nach ihrer Lieblingsbeschäftigung befragt. Die Ergebnisse sind in zwei Säulendiagrammen dargestellt. Bei welcher Befragung waren Mehrfachantworten möglich? Begründen Sie Ihre Entscheidung.

Personengruppe A

Personengruppe B

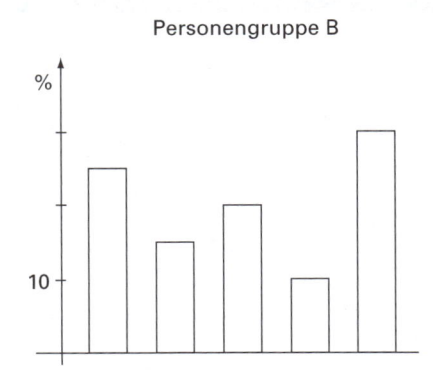

Aufgabe 2

Die Grafik veranschaulicht die Fahrt von zwei Pkws (A) und (B).

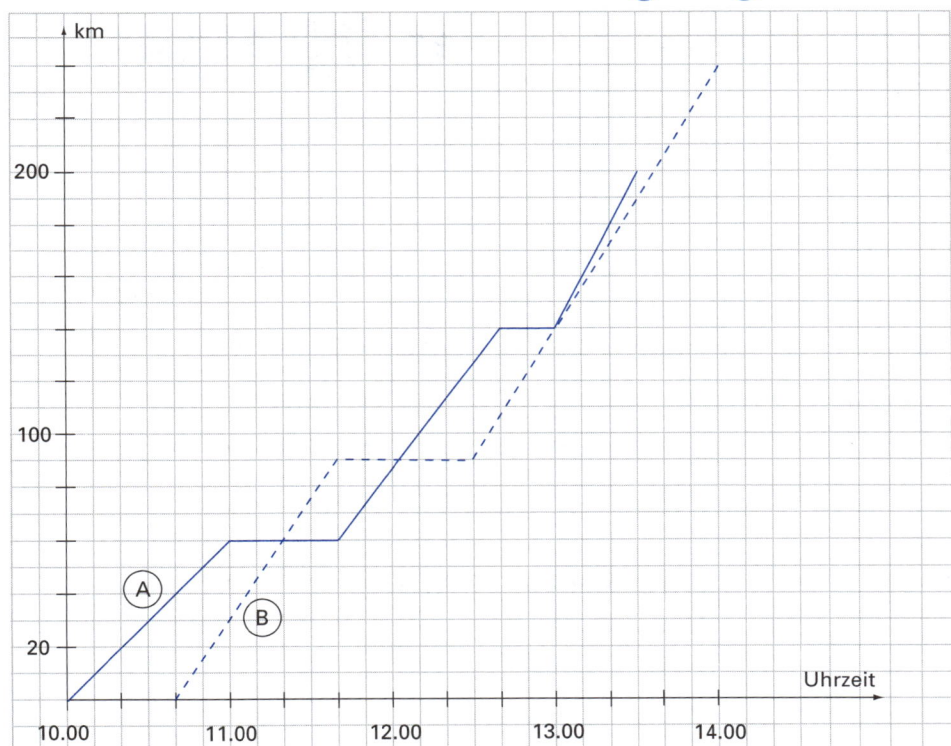

a) Tragen Sie die gesuchten Werte in die Tabelle ein.

	Pause in min	Gefahrene km	Reine Fahrzeit in min
Pkw A			
Pkw B			

b) Auf einer Teilstrecke erreicht ein Pkw die höchste Durchschnittsgeschwindigkeit. Geben Sie den Pkw an, die Uhrzeit und die Geschwindigkeit in km/h.

c) Welcher Pkw fährt vom Start bis zum Ziel die höchste Durchschnittsgeschwindigkeit? Geben Sie die Geschwindigkeit in km/h an.

Aufgabe 3

Deutschland bei der Arbeit

Bundesbürger/-innen erwerbstätig in Millionen:
- 2001: 39,86
- 2003: 39,24
- 2005: 39,31
- 2007: 40,27
- 2009: 40,9
- 2011: 41,54
- 2013: 42,35
- 2015: 43,12
- 2017: 44,25
- 2019: 45,24

davon waren 2019*:
- Sozialversicherungspflichtig Beschäftigte 75,5 %
- Geringfügig entlohnt Beschäftigte 10,5 %
- Selbstständige 9,4 %
- Beamtenschaft 4,5 %

* rundungsbedingte Differenz

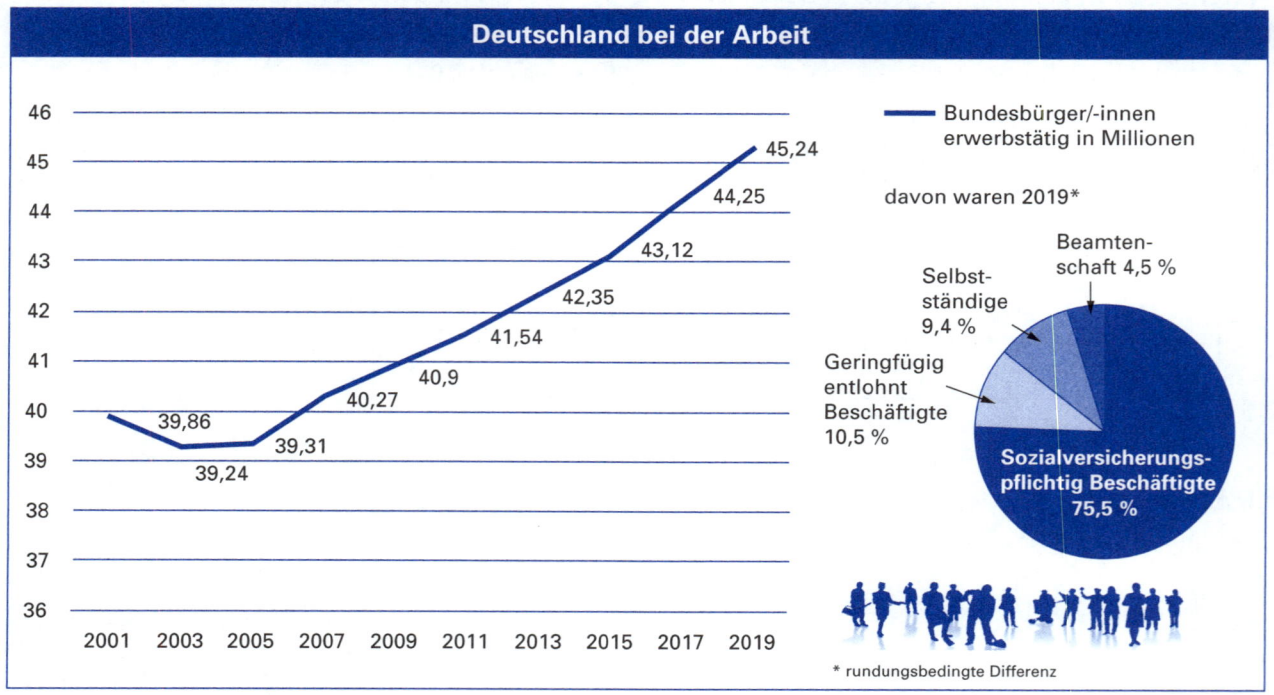

Daten entnommen: Bundesagentur für Arbeit, Stand: September 2020

Beantworten Sie die Aufgaben anhand der oben abgebildeten Graphen.

a) Geben Sie jeweils das Jahr an, in dem die wenigsten bzw. die meisten Bundesbürger/-innen erwerbstätig waren.

b) Erklären Sie, in welchem Zeitintervall der Anstieg der Erwerbstätigkeit am stärksten war.

c) Berechnen Sie die Anzahl der Bundesbürger/-innen, die im Jahr 2019 als Beamt/-innen tätig waren.

d) Erläutern Sie, was mit der Angabe „rundungsbedingte Differenz" unter dem Kreisdiagramm gemeint ist.

Aufgabe 4

a) Die vier Gefäße sind vollkommen mit Wasser gefüllt. Aus einer Öffnung an der untersten Stelle wird das Wasser abgelassen.

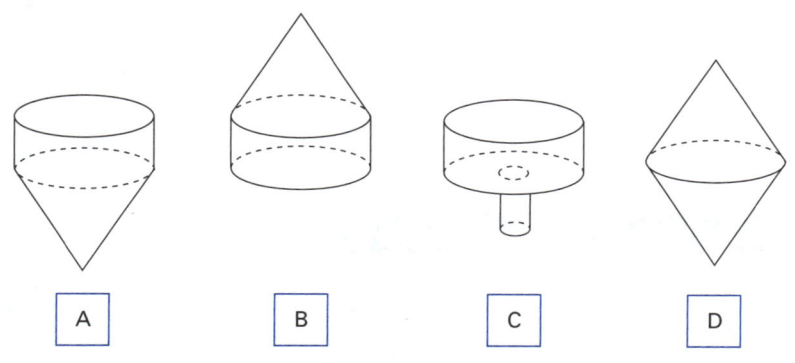

A   B   C   D

Welche Grafik stellt den Entleerungsvorgang am genauesten dar?
Ordnen Sie den Buchstaben die richtige Ziffer zu!

x-Achse: Zeit   y-Achse: Wasserhöhe im Gefäß

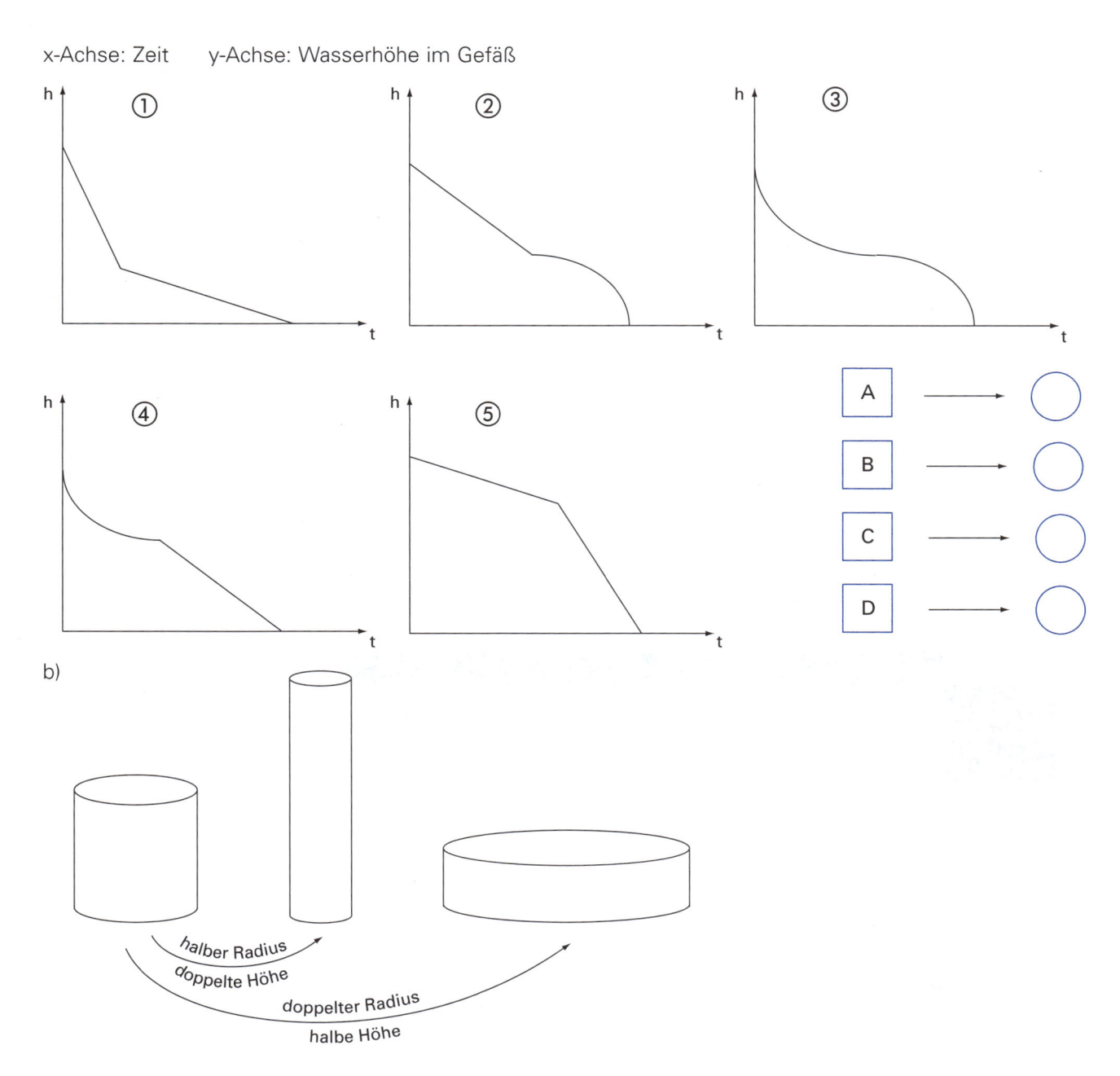

b) Die drei Zylinder sind mit Wasser gefüllt. Ist in jedem Zylinder die gleiche Wassermenge enthalten? Begründen Sie Ihre Entscheidung.

c) Die vier Gefäße A bis D sind bis zur gleichen Höhe mit Wasser gefüllt. In jedes Gefäß wird mit gleicher Geschwindigkeit die gleiche Wassermenge nachgefüllt.

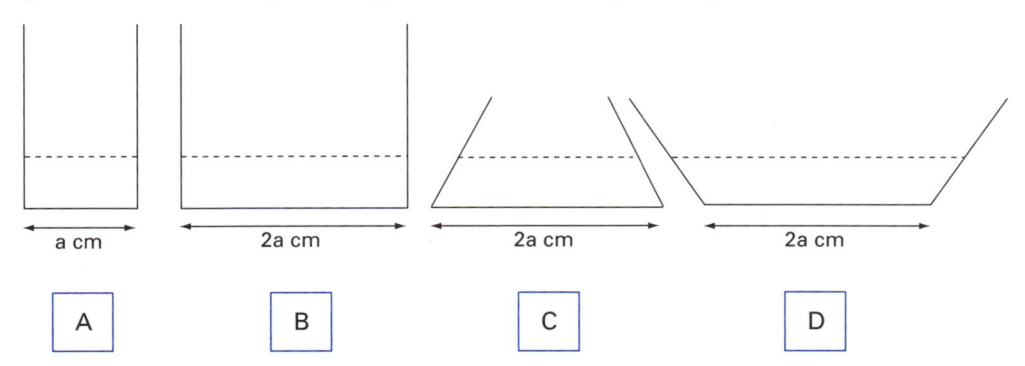

Training

In den folgenden vier Graphen ① bis ④ ist der Anstieg des Wasserspiegels dargestellt. Welche Grafik trifft für welches Gefäß zu?

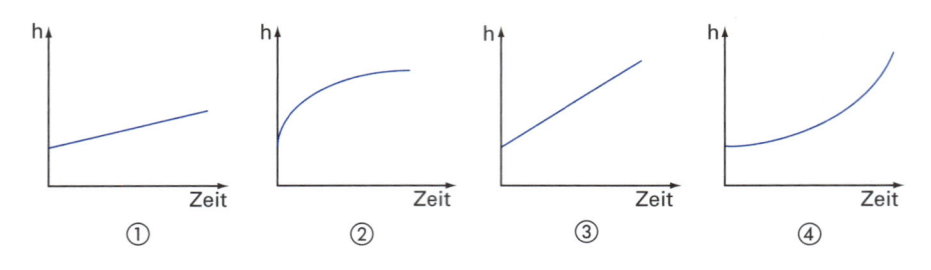

Füllvorgang und Grafik:

A → ◯   B → ◯   C → ◯   D → ◯

Aufgabe 5

a) Die Freunde Leo, Yorik und Marcel planen eine mehrtägige Reise mit dem Fahrrad und möchten dafür monatlich einen bestimmten Betrag sparen.
Jeder zahlt als Startkapital 20 € in eine Kasse, aber die folgenden monatlichen Einzahlungen sind verschieden.

	Monatliche Einzahlung pro Monat
Leo	1 € mehr als im jeweiligen Vormonat
Yorik	10% mehr als im jeweiligen Vormonat
Marcel	Betrag des Vormonats + 10% des Startkapitals

Welche der drei Grafiken trifft für das Anwachsen der drei Sparbeträge zu?
Begründen Sie Ihre Entscheidung.

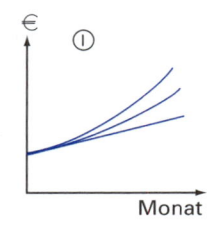

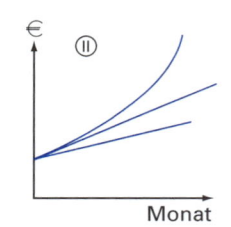

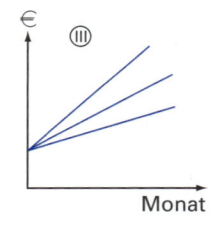

b) In der folgenden Grafik ist die Entwicklung von zwei Geldbeträgen, die auf einer Bank einbezahlt wurden, dargestellt. Beschreiben Sie die beiden Kapitalanlagen.

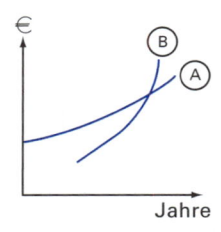

Aufgabe 6

Deutschland: Arbeitslosenquoten in den Bundesländern im Jahr 2017 in Prozent

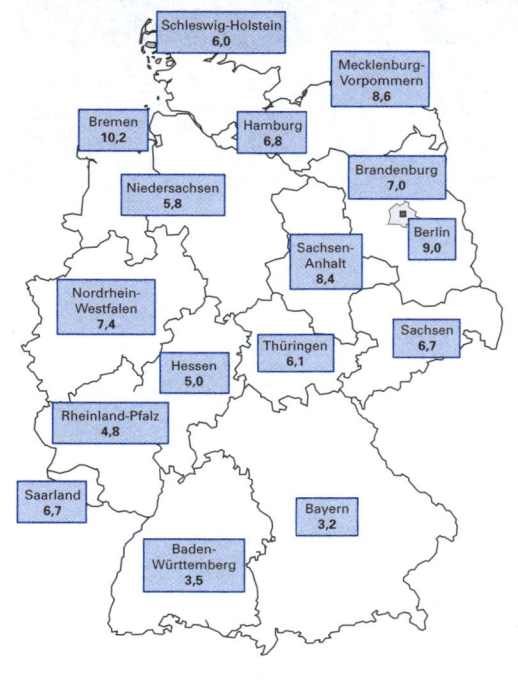

Arbeitslosenquoten (in Prozent) je Bundesland:
- Schleswig-Holstein: 6,0
- Mecklenburg-Vorpommern: 8,6
- Bremen: 10,2
- Hamburg: 6,8
- Niedersachsen: 5,8
- Brandenburg: 7,0
- Berlin: 9,0
- Sachsen-Anhalt: 8,4
- Nordrhein-Westfalen: 7,4
- Sachsen: 6,7
- Thüringen: 6,1
- Hessen: 5,0
- Rheinland-Pfalz: 4,8
- Saarland: 6,7
- Bayern: 3,2
- Baden-Württemberg: 3,5

Deutschland insgesamt: 6,6 %
Quelle: Bundesagentur für Arbeit, Nürnberg
© Statistisches Bundesamt (Destatis), 2018
Stand: 10.04.2018 / 13:44:06

Fläche und Bevölkerung

Bundesland	Fläche in km²	Einwohner insgesamt 31.12.2016	Einwohner je km² 31.12.2016
Baden-Württemberg	35 748,28	10 951 893	306
Bayern	70 542,03	12 930 751	183
Berlin	891,12	3 574 830	4012
Brandenburg	29 654,42	2 494 648	84
Bremen	419,84	678 753	1617
Hamburg	755,30	1 810 438	2397
Hessen	21 114,99	6 213 088	294
Mecklenburg-Vorpommern	23 293,73	1 610 674	69
Niedersachsen	47 709,83	7 945 685	167
Nordrhein-Westfalen	34 112,74	17 890 100	524
Rheinland-Pfalz	19 858,00	4 066 053	205
Saarland	2 571,11	996 651	388
Sachsen	18 449,99	4 081 783	221
Sachsen-Anhalt	20 452,14	2 236 252	109
Schleswig-Holstein	15 802,28	2 881 926	182
Thüringen	16 202,37	2 158 128	133
Deutschland	**357 578,17**	**85 521 653**	**231**

Quelle: Daten (im Auftrag der Herausgebergemeinschaft Statistische Ämter des Bundes und der Länder) Statistisches Bundesamt (Destatis), 2018

a) Das Saarland und Sachsen haben im Schaubild die gleiche Arbeitslosenquote. Bedeutet das, dass in diesen beiden Bundesländern die gleiche Anzahl von Personen arbeitslos ist? Begründen Sie.

b) Berechnen Sie die Anzahl der Arbeitslosen im Saarland und in Sachsen.

Training

12. Abschließende Aufgaben zur Vorbereitung auf die Abschlussprüfung

Basiswissen

In einer Prüfungsaufgabe wird nicht nur ein eng begrenzter Bereich (wie in den vorhergehenden Kapiteln) abgefragt. Stets wird die Kenntnis mehrerer mathematischer Kompetenzen und Leitideen vorausgesetzt und überprüft. Die folgenden sechs zusammenfassenden Aufgaben – alle aus früheren Abschlussprüfungen – behandeln alle relevanten mathematischen Themengebiete.

Übungsaufgaben

Aufgabe 1

Gegeben sind die Funktionen f_1 mit $y = -\frac{1}{4}x^2 - \frac{1}{2}x + \frac{15}{4}$ und f_2 mit $y = -\frac{3}{2}x + 6$ ($\mathbb{G} = \mathbb{R} \times \mathbb{R}$).

Der Graph zu f_1 ist die Parabel p, der Graph zu f_2 ist die Gerade g.

a) Ermitteln Sie die Koordinaten des Scheitels S der Parabel p.

b) Tabellarisieren Sie f_1 in Schritten von $\Delta x = 1$ für $-6 \leq x \leq 4$, und zeichnen Sie die zugehörige Parabel p sowie die Gerade g in ein Koordinatensystem.
Für die Zeichnung: Längeneinheit 1 cm; $-7 \leq x \leq 5$; $-3 \leq y \leq 7$

c) Durch die Punkte A (4 | 0), B (0 | 6) und C_n auf p werden Dreiecke ABC_n festgelegt. Zeichnen Sie das Dreieck ABC_1 für C_1 (1 | y_1) in das Koordinatensystem zu 2 b) ein, und bestimmen Sie den Flächeninhalt A (x) der Dreiecke ABC_n in Abhängigkeit von der Abszisse x der Punkte C_n $\left(x \mid -\frac{1}{4}x^2 - \frac{1}{2}x + \frac{15}{4}\right)$.
[Ergebnis: A (x) = (0,5x² – 2x + 4,5) FE]

d) Der Punkt C_2 ist Eckpunkt des Dreiecks ABC_2 mit dem kleinsten Flächeninhalt. Bestimmen Sie die Koordinaten des Punktes C_2, geben Sie den minimalen Flächeninhalt an, und zeichnen Sie das Dreieck ABC_2 in das Koordinatensystem zu b) ein.
[Teilergebnis: C_2 (2 | 1,75)]

e) Berechnen Sie den minimalen Abstand d_{min}, den ein Punkt C der Parabel p von der Geraden g besitzen kann (Ergebnis auf zwei Stellen nach dem Komma runden).

f) Bestimmen Sie das Maß γ des Winkels AC_2B auf zwei Stellen nach dem Komma gerundet.

g) Weisen Sie rechnerisch nach, dass die zu g parallele Gerade t, die durch den Punkt C_2 verläuft, eine Tangente an die Parabel p ist.

Aufgabe 2

Gegeben sind die Geraden g_1 mit $y = \frac{3}{2}x - 4$ und g_2 mit $y = \frac{4}{7}x - 4$ ($\mathbb{G} = \mathbb{R} \times \mathbb{R}$).

a) Zeichnen Sie die Geraden g_1 und g_2 in ein Koordinatensystem. Für die Zeichnung: Längeneinheit 1 cm; $-2 \leq x \leq 8$; $-6 \leq y \leq 8$

b) Die Punkte A (0 | -4), B (7 | 0) und C_n (x | $\frac{3}{2}$ x – 4) sind die Eckpunkte von Dreiecken ABC_n.
Zeichnen Sie das Dreieck ABC_1 mit C_1 (6 | y_1) in das Koordinatensystem zu a) ein.
Berechnen Sie das Maß γ des Winkels AC_1B. (Auf zwei Stellen nach dem Komma runden.)

c) Berechnen Sie das Maß ε des Winkels, den die Geraden g_1 und g_2 einschließen. (Auf zwei Stellen nach dem Komma runden.)

d) Die Schar der Dreiecke ABC_n enthält das bei C_2 rechtwinklige Dreieck ABC_2.
Konstruieren Sie das Dreieck ABC_2. Berechnen Sie die Koordinaten von C_2.
(Auf zwei Stellen nach dem Komma runden.)

Aufgabe 3

Gegeben ist das gleichseitige Dreieck ABC mit der Seitenlänge a = 12 cm. Der Punkt M ist der Mittelpunkt der Seite [BC]. Der Mittelpunkt M′ eines Kreises k liegt auf [AM], wobei $\overline{MM'}$ = 2 cm gilt.
Der Kreis k berührt die Seite [AC] im Punkt D, die Seite [AB] im Punkt E und schneidet die Seite [BC] in den Punkten F und G mit F ∈ [BM] und G ∈ [CM].

a) Zeichnen Sie das gleichseitige Dreieck ABC und den Kreis k.
b) Berechnen Sie den Radius r des Kreises k. (Auf zwei Stellen nach dem Komma runden.)
   [Ergebnis: r = 4,20 cm]

c) Ermitteln Sie durch Rechnung die Länge b des Kreisbogens, der außerhalb des Dreiecks ABC liegt.
   (Auf zwei Stellen nach dem Komma runden.)

d) Von den Strecken [DC] und [CG] sowie dem Bogen $\overset{\frown}{GD}$ wird eine Fläche begrenzt.
   Berechnen Sie deren Flächeninhalt. (Auf zwei Stellen nach dem Komma runden.)

Aufgabe 4

Aus dem gleichschenklig-rechtwinkligen Dreieck ABC mit 6 cm langen Katheten entsteht durch Abtragen der Strecken $[BB_1]$, $[CC_1]$ und $[CC_2]$ mit $\overline{BB_1} = \overline{CC_1} = \overline{CC_2}$ = x cm die nebenstehende schraffierte Figur F.
Es gilt $0 \leq x \leq 6$ mit $x \in \mathbb{R}_0^+$.

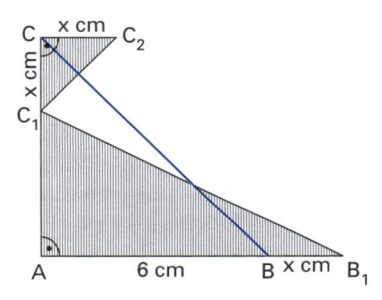

a) Berechnen Sie den Flächeninhalt A der Figur F, und zeigen Sie dadurch, dass A von x unabhängig ist.

b) Bestimmen Sie x so, dass die Flächeninhalte der beiden Teildreiecke AB_1C_1 und C_1C_2C gleich groß sind.

c) Die Figur F rotiert um AC als Achse. Stellen Sie das Volumen V (x) des entstehenden Rotationskörpers in Abhängigkeit von x dar.
   [Ergebnis: V (x) = π · (-2x² + 12x + 72) cm³]

d) Tabellarisieren Sie V (x) in Schritten von Δx = 1 für $0 \leq x \leq 6$ (auf eine Stelle nach dem Komma runden), und stellen Sie die Abhängigkeit grafisch dar.
   Für die Zeichnung: Längeneinheit 1 cm; 1 LE auf der x-Achse: 1 cm, 1 LE auf der V-Achse: 20 cm³.

e) Entnehmen Sie dem Graphen zu Aufgabe 4 d) das Intervall für x, für das V (x) ≥ 250 cm³ gilt.
   Berechnen Sie sodann die Grenzen dieses Intervalls (auf zwei Stellen nach dem Komma runden).

f) Bestimmen Sie rechnerisch denjenigen Wert von x, für den V (x) seinen größten Wert V_{max} annimmt, und geben Sie V_{max} an.

Aufgabe 5

Der Graph der Funktion f mit y = -0,5x² + 6x – 8 und $\mathbb{G} = \mathbb{R} \times \mathbb{R}$ ist die Parabel p.

a) Berechnen Sie die Koordinaten des Scheitels S der Parabel p.

b) Tabellarisieren Sie f in Schritten von Δx = 1 für 1 ≦ x ≦ 11, und zeichnen Sie die Parabel p in ein Koordinatensystem. Für die Zeichnung: Längeneinheit 1 cm; -1 ≦ x ≦ 12; -3 ≦ y ≦ 12

c) Bestätigen Sie durch Rechnung, dass die Gerade g mit der Gleichung y = 4x – 6 ($\mathbb{G} = \mathbb{R} \times \mathbb{R}$) eine Tangente an die Parabel p ist, und berechnen Sie die Koordinaten des Berührpunktes B.
Zeichnen Sie sodann g und B in das Koordinatensystem zu b) ein.
[Teilergebnis: B (2 | 2)]

d) Zeichnen Sie, ausgehend vom Berührpunkt B und vom Scheitelpunkt S, das Drachenviereck BCSD so, dass [BS] und [DC] Diagonalen sind und alle Eckpunkte auf der Parabel p liegen.
DC ist Symmetrieachse.

e) Die Eckpunkte C und D des Drachenvierecks liegen auf der Geraden h mit der Gleichung y = -0,5x + 8 ($\mathbb{G} = \mathbb{R} \times \mathbb{R}$).
Berechnen Sie die Koordinaten der Punkte C und D auf zwei Stellen nach dem Komma gerundet.
[Teilergebnis: C (9,70 | 3,15)]

f) Berechnen Sie das Maß β des Winkels DSC auf zwei Stellen nach dem Komma gerundet.
[Ergebnis: β = 64,87°]

g) Berechnen Sie den Flächeninhalt des Drachenvierecks BCSD auf zwei Stellen nach dem Komma gerundet.

h) Ein Punkt P wandert auf dem Parabelbogen von S nach C.
Zeichnen Sie den Punkt P_1 (8 | y_1) und das Dreieck BP_1S in das Koordinatensystem zu b) ein, und stellen Sie sodann den Flächeninhalt A (x) der Dreiecke BP_nS in Abhängigkeit von der Abszisse x des Punktes P (x | -0,5x² + 6x – 8) dar.
[Ergebnis: A (x) = (x² – 8x + 12) FE]

i) Berechnen Sie nun den Flächeninhalt des Dreiecks BCS und das Maß γ des Winkels SCB (Ergebnisse jeweils auf zwei Stellen nach dem Komma runden).
[Teilergebnis: A = 28,49 FE]

Aufgabe 6

Das Rechteck ABCD mit $\overline{AB}$ = 8 cm und $\overline{BC}$ = 6 cm ist Grundfläche einer Pyramide ABCDS, deren Spitze S senkrecht über dem Mittelpunkt E der Seite [AD] liegt. Der Punkt F ist Mittelpunkt der Seite [BC].
Der Winkel SFE hat das Maß 50°. Auf der Strecke [FS] liegt ein Punkt P, wobei $\overline{FP}$ = 3,5 cm gilt.

a) Zeichnen Sie ein Schrägbild der Pyramide ABCDS mit q = $\frac{1}{2}$ und ω = 45°, wobei die Seite [AB] auf der Schrägbildachse liegt.
Berechnen Sie sodann die Höhe $\overline{ES}$ der Pyramide auf zwei Stellen nach dem Komma gerundet.

b) Zeichnen Sie den Punkt P in das Schrägbild zu Aufgabe 3 a) ein. Berechnen Sie sodann das Maß ε des Winkels DPA und das Maß φ des Winkels SPE. (Auf zwei Stellen nach dem Komma runden.)

c) Das Dreieck ADS ist Grundfläche der Pyramide ADSP mit der Spitze P. Berechnen Sie das Volumen V dieser Pyramide. (Auf zwei Stellen nach dem Komma runden.)

d) Berechnen Sie das Maß δ des Winkels PAS. (Auf zwei Stellen nach dem Komma runden.)

Prüfung 2017

Aufgabengruppe A

Aufgabe 1

Ein 90 °C heißes Getränk wird zur Abkühlung ins Freie gestellt. Nach x Minuten beträgt die Temperatur des Getränks y °C. Die Funktion f mit der Gleichung $y = 90 \cdot 0{,}94^x$ mit $\mathbb{G} = \mathbb{R}_0^+; x \mathbb{R}^+$ beschreibt näherungsweise den Abkühlvorgang in den ersten 20 Minuten.

1.1 Ergänzen Sie die Wertetabelle auf Ganze gerundet und zeichnen Sie sodann den Graphen zu f in das Koordinatensystem ein.

x	0	5	10	15	20
$90 \cdot 0{,}94^x$					

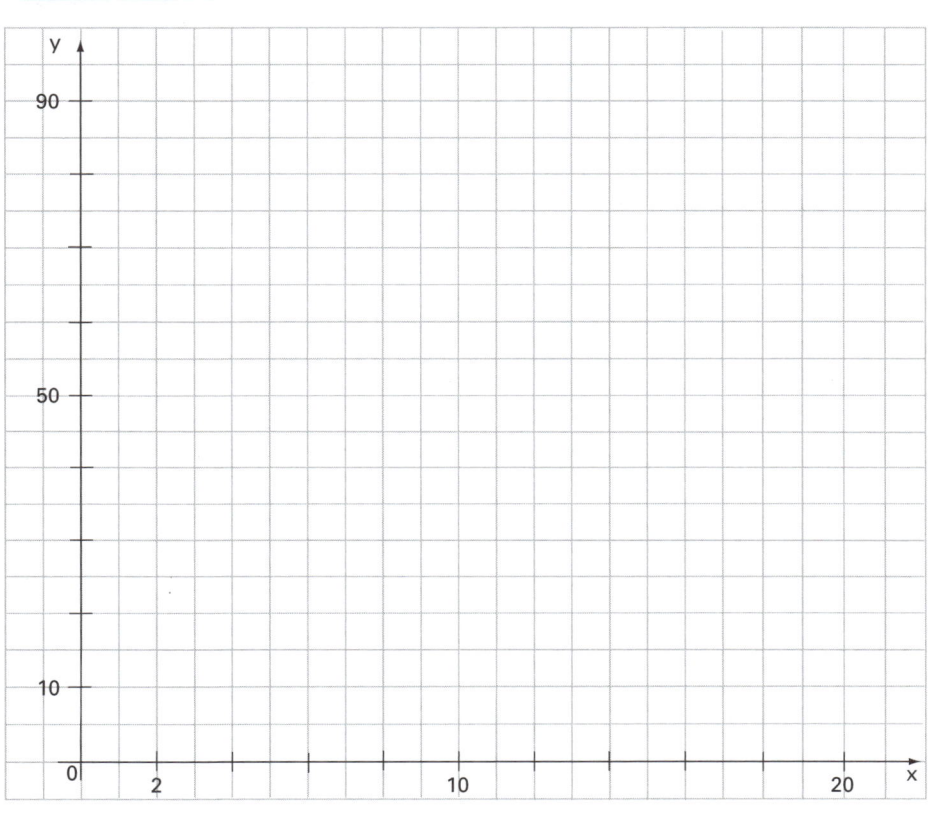

2 P

1.2 Geben Sie an, um wie viel Prozent das Getränk pro Minute kälter wird.

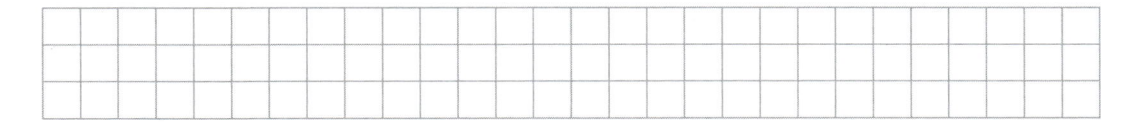

1 P

1.3 Ermitteln Sie mithilfe des Graphen zu f, nach wie vielen Minuten die Temperatur des Getränks noch 40 °C beträgt.

1 P

1.4 Um wie viel Prozent ist die Temperatur des Getränkes nach sechs Minuten insgesamt gesunken? Kreuzen Sie den zutreffenden Wert an.

☐ 31%   ☐ 36%   ☐ 41%   ☐ 69%   1 P

Aufgabe 2

Das Rechteck ABCD mit $\overline{AB}$ = 12 cm und $\overline{BC}$ = 7 cm ist die Grundfläche der Pyramide ABCDS (siehe Zeichnung). Die Spitze S liegt senkrecht über dem Mittelpunkt E der Strecke [AD] mit $\overline{ES}$ = 7 cm. Der Punkt F ist der Mittelpunkt der Strecke [BC].
Runden Sie im Folgenden auf zwei Stellen nach dem Komma.

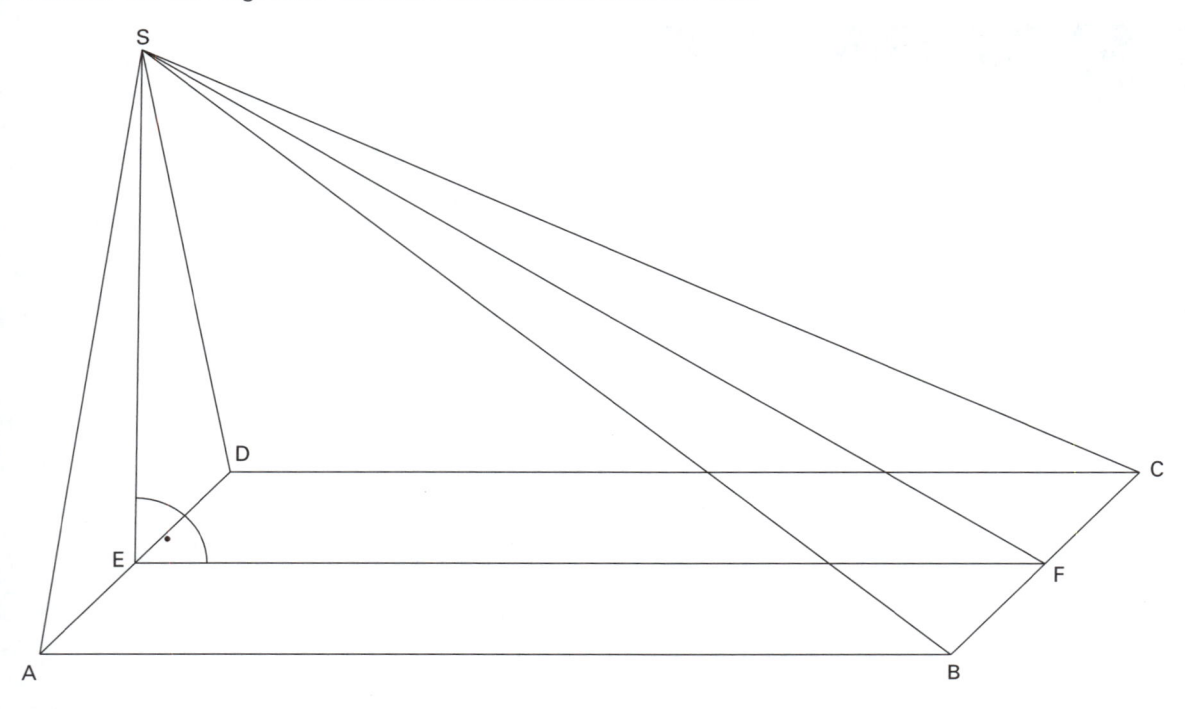

2.1 Berechnen Sie das Maß φ des Winkels SFE sowie die Länge der Strecke [FS].
[Ergebnisse: φ = 30,26°; $\overline{FS}$ = 13,89 cm]   2 P

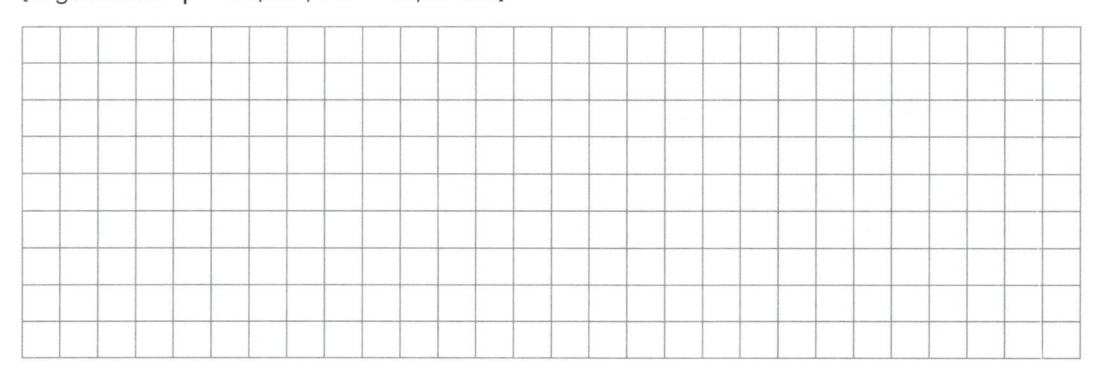

2.2 Der Punkt P liegt auf der Strecke [EF] mit $\overline{EP}$ = 5 cm. Für Punkte M_n auf der Strecke [FS] gilt: $\overline{FM_n}(x)$ = x cm mit x < 13,89 und x ∈ ℝ⁺. Die Punkte M_n sind die Mittelpunkte von Strecken $[Q_nR_n]$ mit R_n ∈ [CS], Q_n ∈ [BS] und $[Q_nR_n]$ ∥ [BC].
Die Punkte P, R_n und Q_n sind die Eckpunkte von Dreiecken PR_nQ_n.
Zeichnen Sie das Dreieck PR_1Q_1 für x = 3 in das Schrägbild zu Aufgabe 2 ein.   1 P

2.3 Der Punkt M_2 auf der Strecke [FS] liegt senkrecht über dem Punkt P.
Zeichnen Sie M_2 und das Dreieck PR_2Q_2 in das Schrägbild zu Aufgabe 2 ein.
Bestimmen Sie sodann durch Rechnung den zugehörigen Wert für x und die Länge der Strecke $[R_2Q_2]$. [Ergebnis: $\overline{R_2Q_2}$ = 2,92 cm]

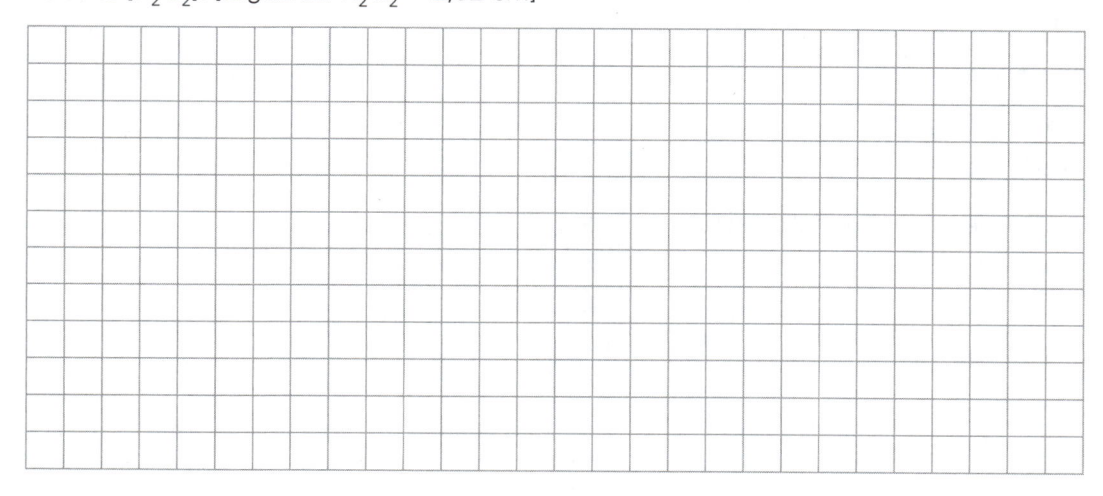

3 P

2.4 Das Dreieck PR_2Q_2 ist die Grundfläche der Pyramide PR_2Q_2F.
Ermitteln Sie rechnerisch den prozentualen Anteil des Volumens der Pyramide PR_2Q_2F am Volumen der Pyramide ABCDS.

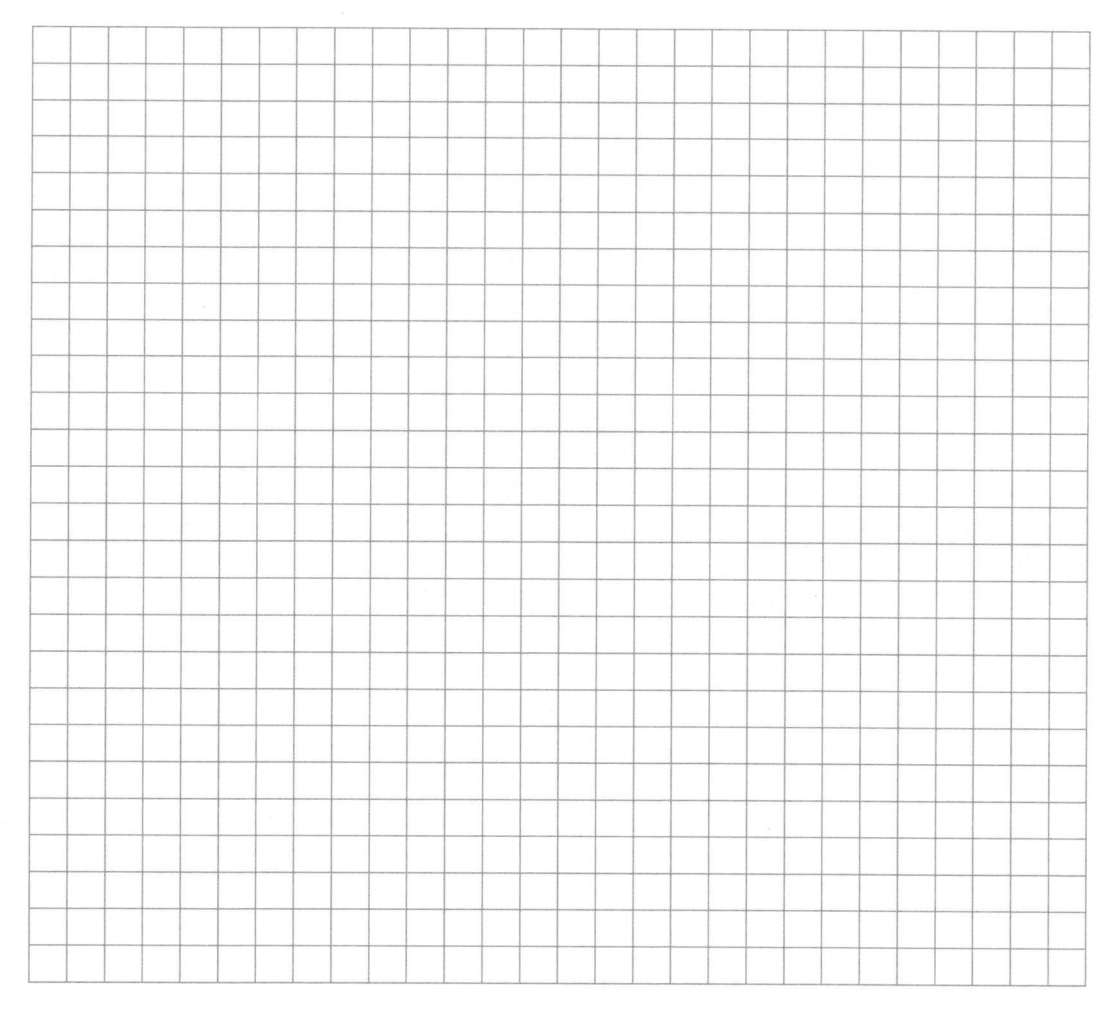

3 P

Aufgabe 3

Die Figur ABCD dient als Schnittvorlage für eine Glasscheibe (siehe Skizze).

Der Kreisbogen $\widehat{CD}$ hat den Punkt B als Mittelpunkt und den Radius r = $\overline{BC}$.

Es gilt: $\overline{AB}$ = 50,0 cm; $\overline{BC}$ = 60,0 cm; ∢CBA = 90°; ∢BAD = 120°.

Runden Sie im Folgenden auf eine Stelle nach dem Komma.

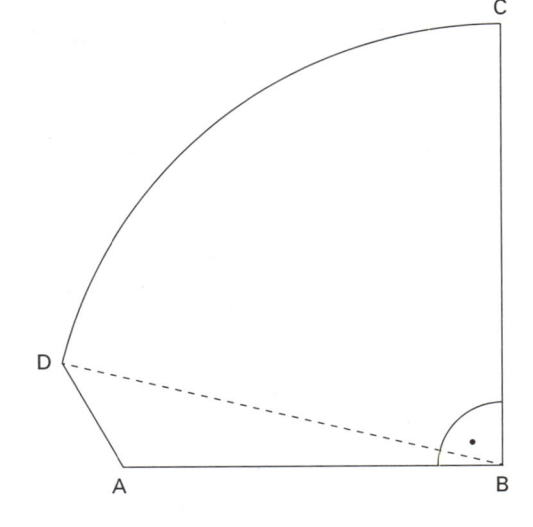

3.1 Berechnen Sie die Länge der Strecke [DA].
[Teilergebnis: ∢DBA = 13,8°; Ergebnis: $\overline{DA}$ = 16,5 cm]

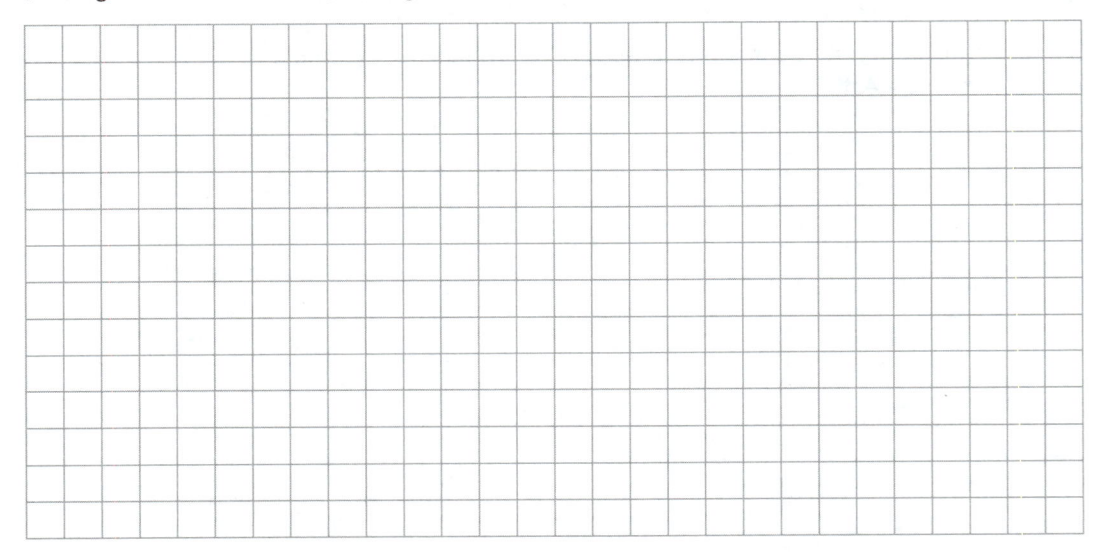

3 P

3.2 Die Glasscheibe wird aus einer quadratischen Glasplatte herausgeschnitten. Dazu bewegt sich ein Laserschneider mit einer Geschwindigkeit von 30 cm pro Sekunde entlang des Kreisbogens $\widehat{CD}$ und der Strecke [DA].
Berechnen Sie die hierfür benötigte Zeit.

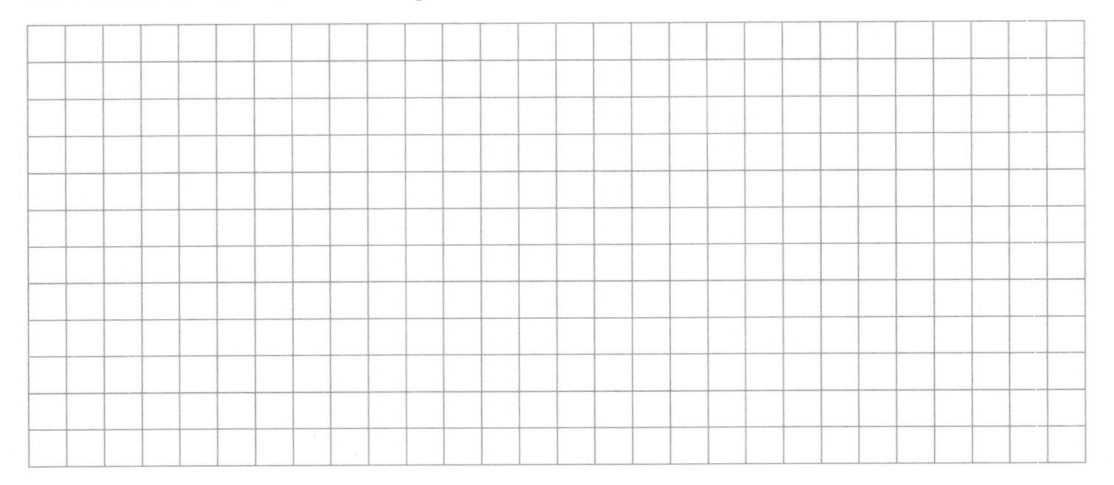

2 P

Aufgabengruppe B

Aufgabe 1

Die Parabel p verläuft durch die Punkte P (-3 | 0) und Q (5 | 0). Sie hat eine Gleichung der Form
$y = a \cdot x^2 + 0{,}5x + c$ mit $\mathbb{G} = \mathbb{R} \times \mathbb{R}$ und $a \in \mathbb{R} \setminus \{0\}$, $c \in \mathbb{R}$.
Die Gerade g hat die Gleichung $y = -0{,}1x - 2$ mit $\mathbb{G} = \mathbb{R} \times \mathbb{R}$.

1.1 Zeigen Sie durch Berechnung der Werte für a und c, dass die Parabel p die Gleichung
$y = -0{,}25x^2 + 0{,}5x + 3{,}75$ hat.
Zeichnen Sie sodann die Gerade g sowie die Parabel p für $x \in [-4; 7]$ in ein Koordinatensystem ein.
Für die Zeichnung: Längeneinheit 1 cm; $-5 \leq x \leq 8$; $-5 \leq y \leq 5$ **4 P**

1.2 Punkte A_n (x | $-0{,}25x^2 + 0{,}5x + 3{,}75$) auf der Parabel p und Punkte B_n (x | $-0{,}1x - 2$) auf der Geraden g haben dieselbe Abszisse x.
Sie sind zusammen mit Punkten C_n und D_n für $x \in\ ]-3{,}74; 6{,}14[$ die Eckpunkte von Parallelogrammen $A_nB_nC_nD_n$.
Die Punkte C_n liegen ebenfalls auf der Geraden g. Dabei ist die Abszisse x der Punkte C_n jeweils um 2 größer als die Abszisse x der Punkte B_n.
Zeichnen Sie die Parallelogramme $A_1B_1C_1D_1$ für $x = -2$ und $A_2B_2C_2D_2$ für $x = 3$ in das Koordinatensystem zu 1.1 ein. **2 P**

1.3 Berechnen Sie die Länge der Strecken [A_nB_n] in Abhängigkeit von der Abszisse x der Punkte A_n.
[Ergebnis: $\overline{A_nB_n}(x) = (-0{,}25x^2 + 0{,}6x + 5{,}75)$ LE] **2 P**

1.4 Überprüfen Sie rechnerisch, ob es unter den Parallelogrammen $A_nB_nC_nD_n$ ein Parallelogramm mit einem Flächeninhalt von 13 FE gibt. **3 P**

1.5 Unter den Parallelogrammen $A_nB_nC_nD_n$ gibt es die Rauten $A_3B_3C_3D_3$ und $A_4B_4C_4D_4$.
Berechnen Sie die x-Koordinaten der Punkte A_3 und A_4 auf zwei Stellen nach dem Komma gerundet. [Teilergebnis: $\overline{B_nC_n} = 2{,}01$ LE] **4 P**

1.6 Begründen Sie, dass es unter den Parallelogrammen $A_nB_nC_nD_n$ kein Rechteck gibt. **2 P**

Prüfung 2017

Aufgabe 2

Gegeben ist das Dreieck ABC mit $\overline{AB}$ = 10 cm, $\overline{AC}$ = 8 cm und $\overline{BC}$ = 9,5 cm.
Der Punkt D ist der Fußpunkt des Lotes vom Eckpunkt A auf die Seite [BC] (siehe Skizze).

Runden Sie im Folgenden auf zwei Stellen nach dem Komma.

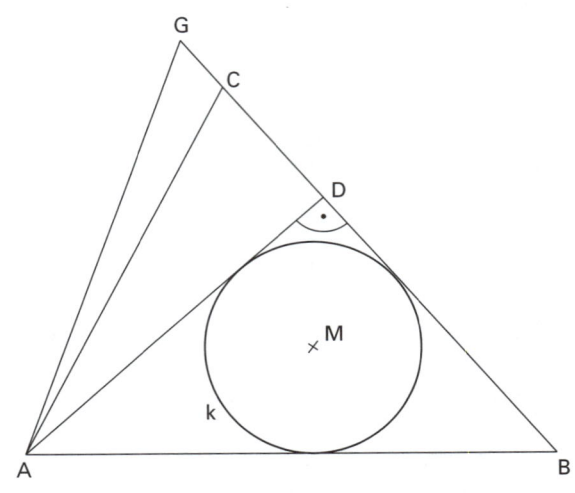

2.1 Zeichnen Sie das Dreieck ABC und die Strecke [AD]. 1 P

2.2 Berechnen Sie das Maß β des Winkels CBA, das Maß ε des Winkels BAD und die Länge der Strecke [AD]. [Ergebnisse: β = 48,36°; ε = 41,64°] 3 P

2.3 Der Punkt G auf der Verlängerung der Strecke [BC] über C hinaus ist ein Eckpunkt des Dreiecks ABG. Der Winkel BAG hat das Maß 70°.
Zeichnen Sie das Dreieck ABG und berechnen Sie die Länge der Strecke [CG]. 4 P

2.4 Im Dreieck ABD berührt der Inkreis k die Seite [AB] im Punkt E und die Seite [AD] im Punkt F.
Zeichnen Sie den Inkreis k mit seinem Mittelpunkt M und die Strecken [ME] und [MF] in die Zeichnung zu 2.1 ein. 2 P

2.5 Berechnen Sie das Maß φ des Winkels AMB und den Inkreisradius r = $\overline{ME}$.
[Ergebnisse: φ = 135°; r = 2,06 cm] 3 P

2.6 Berechnen Sie den Flächeninhalt A des Flächenstücks AEF, das vom Kreisbogen $\overarc{FE}$ sowie von den Strecken [EA] und [AF] begrenzt wird. 4 P

Bearbeitungstipps

Wenn möglich, fertigen Sie zu allen Aufgaben sinnvolle Skizzen und tragen Sie alle gegebenen Maße ein.
Mit dieser Veranschaulichung finden Sie den Lösungsweg leichter.

A 1.1 Achten Sie auf genaue und saubere Zeichnung.

A 1.2 Berechnen Sie mithilfe des Zerfallsfaktors q den Prozentsatz.

A 1.3 Achten Sie auf Genauigkeit.

A 1.4 Berechnen Sie zuerst die Temperatur nach sechs Minuten, dann die Temperaturabnahme. Nun können Sie mit dem Dreisatz den Prozentsatz bestimmen.

A 2.1 Berechnen Sie das Winkelmaß mit dem Tangens und die Streckenlänge mit dem Satz des Pythagoras.

A 2.2 Achten Sie auf saubere und genaue Darstellung.

A 2.3 Berechnen Sie im rechtwinkligen Dreieck PFM_2 den Wert für x mit dem Kosinus. Nun können Sie mit dem Vierstreckensatz $\overline{R_2Q_2}$ berechnen.

A 2.4 Berechnen Sie zuerst das Volumen der Pyramide ABCDS. Mit dem Satz des Pythagoras können Sie $\overline{PM_2}$ berechnen. Nun berechnen Sie das Volumen der Pyramide PR_2Q_2F. Anschließend berechnen Sie den Prozentsatz mit dem Dreisatz oder mit dem Quotienten $V_2 : V_1$.

A 3.1 Berechnen Sie nach folgender Reihenfolge:
- ∢ADB mit dem Sinussatz
- ∢DBA mit der Winkelsumme im Dreieck
- $\overline{DA}$ mit dem Kosinussatz

A 3.2 Berechnen Sie zuerst das Maß des Winkels CBD. Nun können Sie mit der Bogenlänge-Formel den Kreisbogen $\overparen{CD}$ berechnen. Mit der Strecke [DA] erhalten Sie die Schnittlinie des Laserschneiders. Nun können Sie mit der Formel „Weg : Zeit = Geschwindigkeit" die Zeit berechnen.

B 1.1 Setzen Sie die Koordinaten der beiden Punkte in die Parabelgleichung ein und Sie erhalten ein lineares Gleichungssystem mit zwei Variablen. Lösen Sie nach einem Verfahren Ihrer Wahl. Hier bietet sich das „Subtraktionsverfahren" an.
Achten Sie bei der Zeichnung auf genaue und saubere Darstellung.

B 1.2 Lesen Sie die Aufgabe sorgfältig und zeichnen Sie dann die beiden Parallelogramme.

B 1.3 Wenn die beiden Punkte senkrecht übereinander liegen, muss man vom y-Wert des „oberen" Punktes den y-Wert des „unteren" Punktes subtrahieren.

B 1.4 Beachten Sie bei der Flächenberechnung: Die Grundlinie des Parallelogramms steht im Ergebnis von B1.3 und die Höhe können Sie aus der Information in B1.2 entnehmen.
Sie erhalten eine quadratische Gleichung. Bestimmen Sie den Wert der Diskriminante und entscheiden Sie dann.

B 1.5 Bei einer Raute sind alle Seiten gleich lang. Die Seite $[B_nC_n]$ hat eine konstante Länge. Berechnen Sie diese und setzen Sie den Wert mit $\overline{A_nB_n}(x)$ gleich. Lösen Sie die entstehende quadratische Gleichung nach Vorschrift.

B 1.6 Ein Rechteck hat vier rechte Winkel. Überprüfen Sie, ob die Seiten $[A_nB_n]$ und $[B_nC_n]$ senkrecht aufeinander stehen können.

B 2.1 Achten Sie auf saubere und genaue Darstellung.

B 2.2 Berechnen Sie das Maß des Winkels β mit dem Kosinussatz. Das Maß des Winkels ε im Dreieck ABD können Sie mit der Winkelsumme im Dreieck berechnen und $\overline{AD}$ mit dem Sinus.

B 2.3 Zeichnen Sie sorgfältig. Berechnen Sie schrittweise:
- das Maß des Winkels AGB mit der Winkelsumme
- $\overline{BG}$ mit dem Sinussatz im Dreieck ABG
- $\overline{CG}$ als Differenz von zwei Streckenlängen

B 2.4 Den Mittelpunkt des Kreises erhalten Sie als Schnittpunkt von zwei Winkelhalbierenden im Dreieck ABD. [ME] und [MF] sind die Lote von M auf [AB] und [AD]

B 2.5 Das Maß des Winkels φ erhalten Sie über die Winkelsumme im Dreieck ABM. $\overline{BM}$ berechnen Sie mit dem Sinussatz und $\overline{ME}$ = r können Sie dann mit dem Sinus im rechtwinkligen Dreieck EBM berechnen.

Prüfung 2017

Bearbeitungstipps

B 2.6 Der Flächeninhalt des Flächenstücks AEF ergibt sich als Differenz der Flächeninhalte des Drachenvierecks AEMF und des Sektors MFE.
Die Symmetrieachse des Drachenvierecks teilt das Viereck in zwei kongruente Dreiecke.
Berechnen Sie in folgender Reihenfolge:
- $\overline{AE}$ im Dreieck AEM mit dem Tangens
- den Flächeninhalt des Dreiecks AEM mit der Formel $A = \frac{1}{2}$ Kathete · Kathete
- den Flächeninhalt des Drachens AEMF
- die Sektorfläche MFE
- den Inhalt des gesuchten Flächenstücks AEF

Aufgabengruppe A

Aufgabe 1

Die Anzahl der Ladestationen für Elektrofahrzeuge in Deutschland soll laut einer Prognose in den nächsten Jahren exponentiell wachsen. Diese Entwicklung kann man näherungsweise durch die Funktion f: $y = 5000 \cdot 1{,}75^x$ ($\mathbb{G} = \mathbb{R}_0^+ \times \mathbb{R}_0^+$) beschreiben, wobei x die Anzahl der Jahre und y die Anzahl der Ladestationen darstellt.

1.1 Ergänzen Sie die Wertetabelle auf Tausender gerundet und zeichnen Sie sodann den Graphen der Funktion f in das Koordinatensystem ein.

x	0	1	2	3	4
$5000 \cdot 1{,}75^x$					

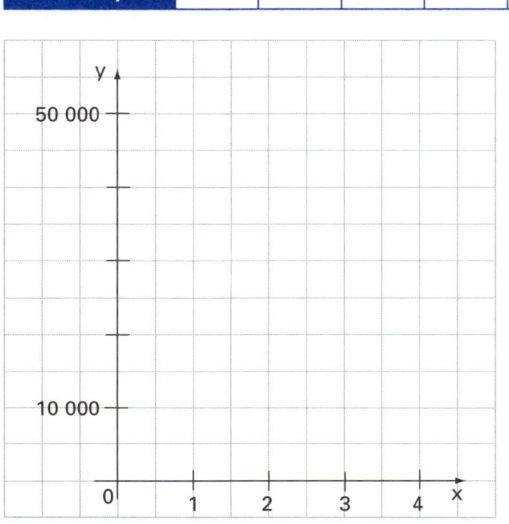

2 P

1.2 Ermitteln Sie mithilfe des Graphen, nach welcher Zeit die ursprüngliche Anzahl der Ladestationen erstmals um 600 % zugenommen haben wird.

2 P

1.3 Geben Sie an, welche jährliche Zunahme in Prozent in dieser Prognose angenommen wurde.

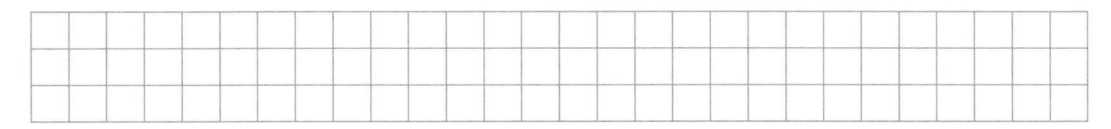

1 P

Aufgabe 2

Die nebenstehende Zeichnung zeigt das Viereck ABCD.

Es gilt:
$\overline{AB}$ = 7,8 cm; $\overline{AD}$ = 5,2 cm;
$\overline{BC}$ = 8,6 cm;
∢ BAD = 90°; ∢ CBA = 70°

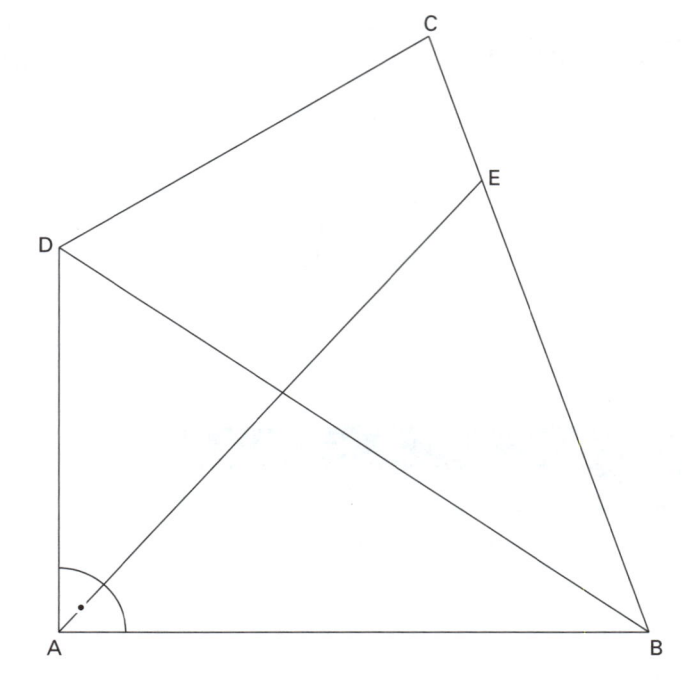

Runden Sie im Folgenden auf eine Stelle nach dem Komma.

2.1 Berechnen Sie die Länge der Diagonalen [BD] und den Flächeninhalt A des Dreiecks BCD.
[Ergebnisse: $\overline{BD}$ = 9,4 cm; A = 23,9 cm²]

4 P

2.2 Der Punkt E liegt auf der Strecke [BC]. Die Dreiecke ABE und BCD besitzen den gleichen Flächeninhalt.
Berechnen Sie die Länge der Strecke [AE].
[Teilergebnis: $\overline{BE}$ = 6,5 cm; Ergebnis: $\overline{AE}$ = 8,3 cm]

2 P

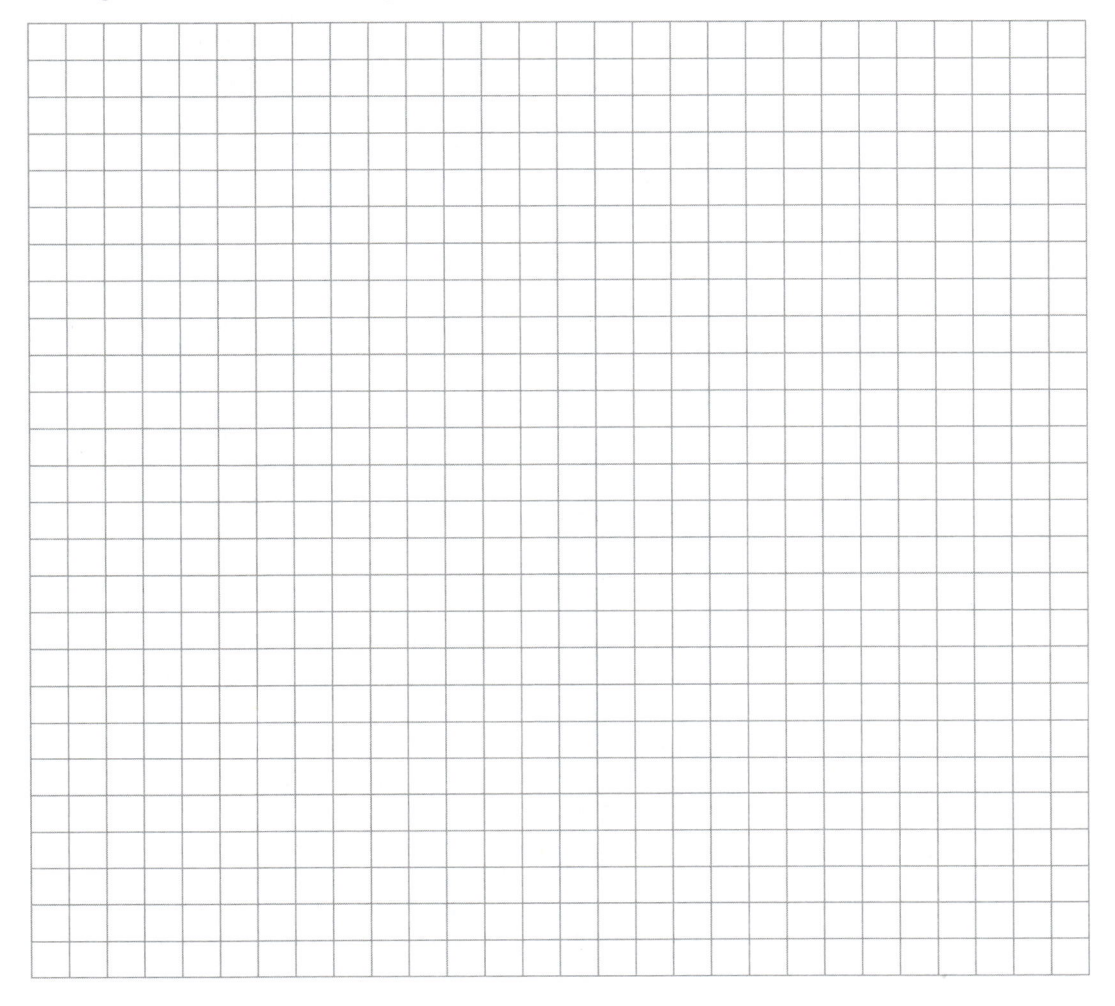

2.3 Der Kreis um E mit dem Radius 3 cm schneidet die Strecke [AE] im Punkt P und die Strecke [BE] im Punkt Q.
Zeichnen Sie den Kreisbogen $\overparen{PQ}$ in die Zeichnung zu Aufgabe 2 ein.
Berechnen Sie sodann den Flächeninhalt des Kreissektors, der durch die Strecken [QE], [EP] und den Kreisbogen $\overparen{PQ}$ begrenzt wird.

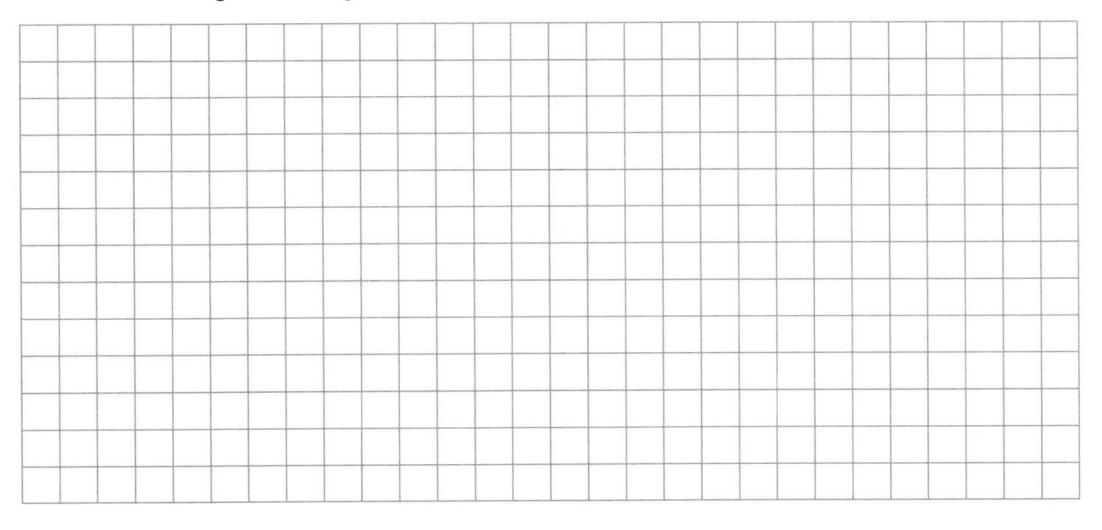

3 P

Aufgabe 3

Die nebenstehende Skizze zeigt den Axialschnitt ABCD eines Rotationskörpers mit der Rotationsachse MS.
Dieser Körper dient als Muster zur Herstellung einer Praline.

Die Praline besteht aus Schokolade und einer kugelförmigen Cremefüllung. Der Anteil der Schokolade am Volumen der Praline beträgt 89%.

Es gilt: $\overline{MS}$ = 5 cm; $\overline{MN}$ = 2 cm; $\angle$ ADM = 71,6°.

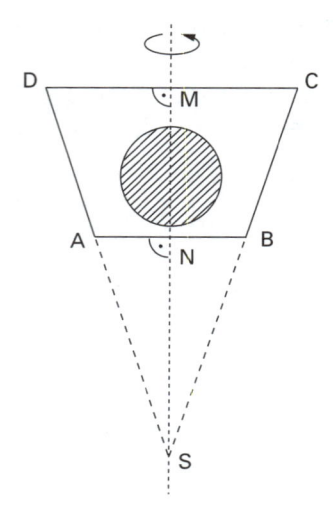

Runden Sie im Folgenden auf eine Stelle nach dem Komma.

3.1 Zeigen Sie rechnerisch, dass für die Strecken [MD] und [AN] gilt:
$\overline{MD}$ = 1,7 cm und $\overline{AN}$ = 1,0 cm.

2 P

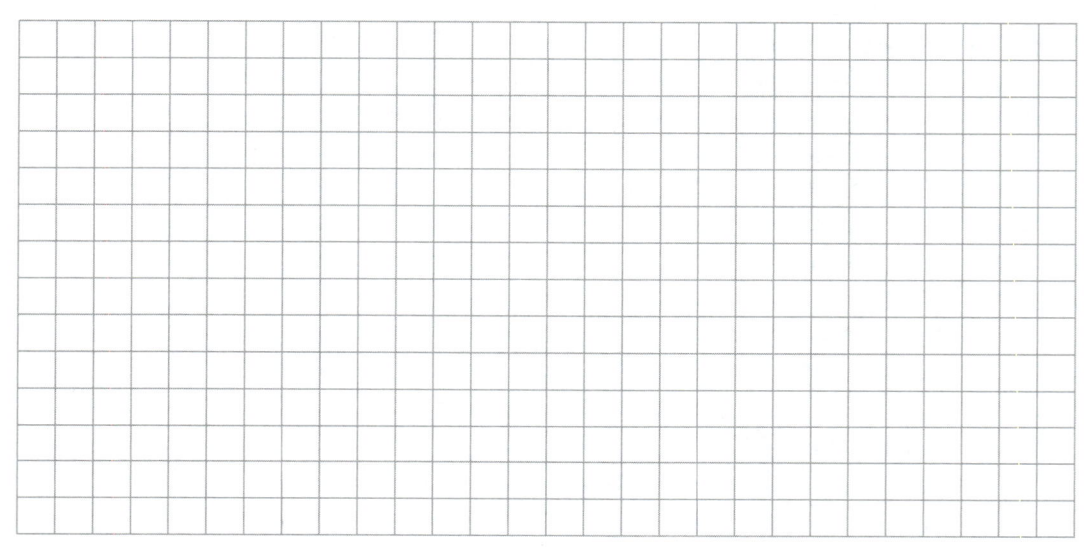

3.2 Berechnen Sie das Volumen V der Cremefüllung.

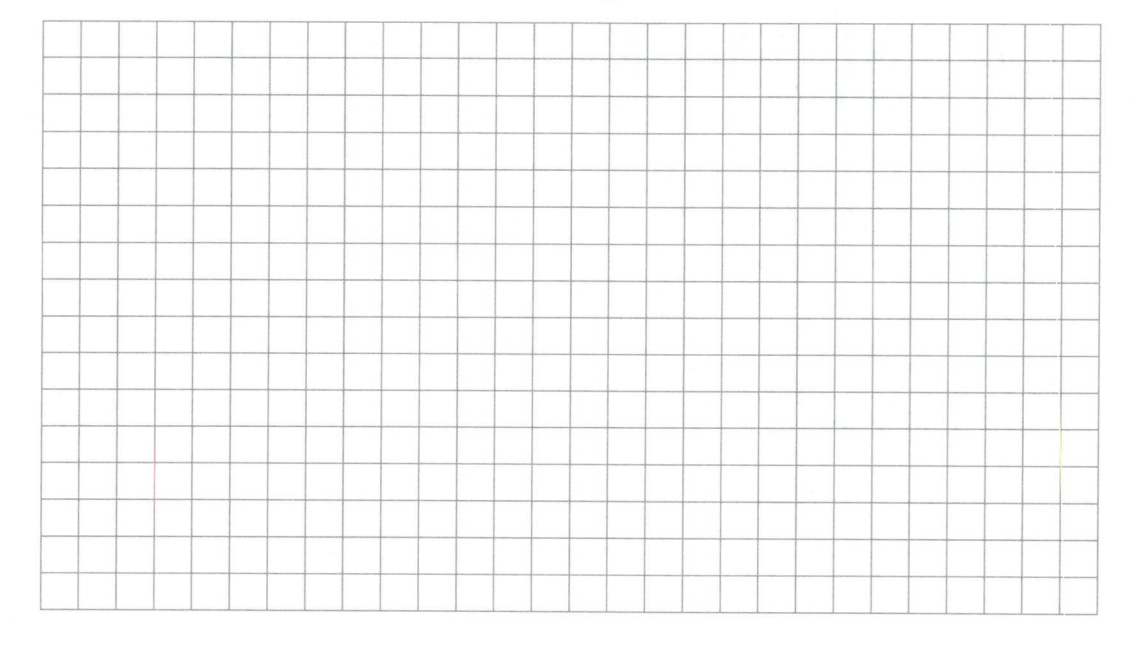

3 P

Aufgabengruppe B

Aufgabe 1

Die Parabel p verläuft durch die Punkte P (-2 | 19) und Q (4 | -5). Sie hat eine Gleichung der
Form y = 0,5x² + bx + c mit $\mathbb{G} = \mathbb{R} \times \mathbb{R}$ und b, c ∈ $\mathbb{R}$.
Die Gerade g besitzt die Gleichung y = 0,5x − 2 mit $\mathbb{G} = \mathbb{R} \times \mathbb{R}$.

Runden Sie im Folgenden auf zwei Stellen nach dem Komma.

1.1 Zeigen Sie durch Berechnung der Werte für b und c, dass die Parabel p die Gleichung
y = 0,5x² − 5x + 7 besitzt.
Zeichnen Sie die Parabel p und die Gerade g für x ∈ [0; 10] in ein Koordinatensystem.

Für die Zeichnung: Längeneinheit 1 cm; 0 ≦ x ≦ 10; -6 ≦ y ≦ 8   **4 P**

1.2 Punkte A_n (x | 0,5x² − 5x + 7) auf der Parabel p und Punkte C_n (x | 0,5x − 2) auf der
Gerade g besitzen dieselbe Abszisse x. Diese Punkte bilden zusammen mit Punkten B_n
und D_n Rauten $A_n B_n C_n D_n$, wobei gilt: $\overline{B_n D_n}$ = 2 LE und $y_{C_n} > y_{A_n}$.
Zeichnen Sie die Rauten $A_1 B_1 C_1 D_1$ für x = 3 und $A_2 B_2 C_2 D_2$ für x = 6 in das Koordinatensystem zu B 1.1 ein.   **2 P**

1.3 Ermitteln Sie rechnerisch, für welche Werte von x es Rauten $A_n B_n C_n D_n$ gibt.
Geben Sie das Intervall für x an.   **3 P**

1.4 Zeigen Sie, dass für die Länge der Strecken [$A_n C_n$] in Abhängigkeit von der Abszisse x der
Punkte A_n gilt: $\overline{A_n C_n}$(x) = (-0,5x² + 5,5x − 9) LE.
Berechnen Sie sodann das Maß φ des Winkels $D_2 C_2 B_2$ und die Seitenlänge $\overline{A_2 B_2}$ der
Raute $A_2 B_2 C_2 D_2$.   **4 P**

1.5 Bestimmen Sie die Koordinaten der Punkte B_n in Abhängigkeit von der Abszisse x der
Punkte A_n.   **2 P**

1.6 Begründen Sie rechnerisch, dass der Flächeninhalt A der Rauten $A_n B_n C_n D_n$ stets kleiner
als 7 FE ist.   **2 P**

Prüfung 2018

Aufgabe 2

Die nebenstehende Skizze zeigt ein Schrägbild des geraden Prismas ABCDEFGH, dessen Grundfläche die Raute ABCD mit dem Diagonalenschnittpunkt M ist. Die Strecken [EG] und [FH] schneiden sich im Punkt N.

Es gilt: $\overline{AC}$ = 10 cm; $\overline{BD}$ = 6 cm; $\overline{AE}$ = 10 cm

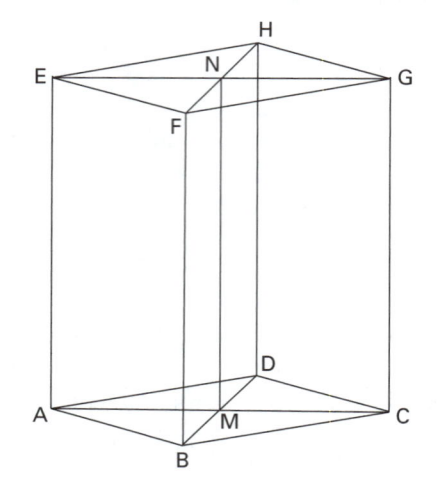

Runden Sie im Folgenden auf zwei Stellen nach dem Komma.

2.1 Zeichnen Sie das Schrägbild des Prismas ABCDEFGH, wobei die Strecke [AC] auf der Schrägbildachse und der Punkt A links vom Punkt C liegen soll.
Für die Zeichnung gilt: q = $\frac{1}{2}$; ω = 45°.
Berechnen Sie sodann die Länge der Strecke [ME] und das Maß φ des Winkels MEN.
[Ergebnisse: $\overline{ME}$ = 11,18 cm; φ = 63,43°] **4 P**

2.2 Punkte S_n liegen auf der Strecke [ME] mit $\overline{ES_n}$(x) = x cm, x ∈ [0; 11,18[und x ∈ ℝ.
Zeichnen Sie das Dreieck S_1GE für x = 3 in das Schrägbild zu B 2.1 ein. Berechnen Sie sodann den Flächeninhalt des Dreiecks S_1GE und die Länge der Strecke [S_1G]. **3 P**

2.3 Die Punkte S_n sind Spitzen von Pyramiden ABCDS_n mit der Grundfläche ABCD und den Höhen [Q_nS_n]. Dabei liegen die Punkte Q_n auf der Strecke [AM].
Zeichnen Sie die Pyramide ABCDS_2 sowie ihre Höhe [Q_2S_2] in das Schrägbild zu B 2.1 ein. Dabei gilt: ∢ MAS_2 = 54°.
Zeigen Sie, dass für das Volumen V der Pyramiden ABCDS_n in Abhängigkeit von x gilt:
V(x) = (100 − 8,9x) cm³.
[Teilergebnis: $\overline{Q_nS_n}$(x) = (10 − 0,89x) cm] **4 P**

2.4 Berechnen Sie das Volumen der Pyramide ABCDS_2. **4 P**

2.5 Begründen Sie, dass es keine Pyramide ABCDS_n gibt, deren Volumen halb so groß wie das Volumen des Prismas ABCDEFGH ist. **2 P**

Prüfung 2018

Bearbeitungstipps

Fertigen Sie bei allen Berechnungen entsprechende Skizzen und tragen Sie die Maße ein.

A 1.1 Achten Sie bei den Tabellenwerten auf die Rundung. Zeichnen Sie genau.

A 1.2 Beachten Sie: 600% ist das 6-Fache und dieser Wert soll addiert werden.

A 1.3 Bestimmen Sie den Prozentsatz mit der Formel.

A 2.1 Berechnen Sie $\overline{BD}$ mit dem Satz des Pythagoras und anschließend den ∢ DBA mit dem Tangens. Dann können Sie den ∢ CBD als Differenz bestimmen. Jetzt kann der Flächeninhalt des Dreiecks BCD berechnet werden.

A 2.2 Setzen Sie die beiden Flächeninhalte Dreieck BCD und Dreieck ABE gleich. Damit können Sie $\overline{BE}$ berechnen. Nun kann $\overline{AE}$ mit dem Kosinussatz bestimmt werden.

A 2.3 Zeichnen Sie den Sektor. Berechnen Sie dann den Mittelpunktswinkel PEQ mit dem Sinussatz im Dreieck ABE. Nun können Sie mit der Formel den Flächeninhalt des Sektors berechnen.

A 3.1 Berechnen Sie $\overline{MD}$ mit dem Tangens im Dreieck SMD. $\overline{NA}$ können Sie mit dem Vierstreckensatz oder mit dem Tangens im Dreieck SNA berechnen.

A 3.2 Die Praline hat die Form eines Kegelstumpfes. Berechnen Sie das Volumen als Differenz von zwei Kegeln. Die Cremefüllung hat nur 11% dieses Volumens. Berechnen Sie das Volumen der Cremefüllung mit dem Dreisatz oder durch Multiplikation mit einem Faktor.

B 1.1 Setzen Sie die Koordinaten der Punkte in die Funktionsgleichung ein und berechnen Sie das lineare Gleichungssystem nach einem Verfahren Ihrer Wahl. Achten Sie auf genaue und saubere Zeichnung.

B 1.2 Zeichnen Sie die beiden Rauten nach Vorschrift ein.

B 1.3 Die Grenzwerte des Intervalls erhalten Sie als Schnittpunkte von Parabel und Gerade. Lösen Sie die entstehende quadratische Gleichung mit der Formel oder mit dem eTR. Beachten Sie, dass es sich um ein offenes Intervall handelt.

B 1.4 $\overline{A_nC_n}(x)$ erhalten Sie als Differenz der y-Werte der Punkte C_n und A_n. Bestimmen Sie $\frac{\varphi}{2}$ im Dreieck $D_2M_2C_2$ mit dem Tangens und dann φ. $\overline{A_2B_2}$ berechnen Sie mit dem Satz des Pythagoras.

B 1.5 Beachten Sie: Die x-Werte von B_n sind stets um 1 größer als die x-Werte von A_n. Die y-Werte der Punkte B_n erhält man, wenn man zum y-Wert der Punkte A_n die halbe Länge der Strecke $[A_nC_n]$ addiert.

B 1.6 Die Längen der Diagonalen $[B_nD_n]$ sind konstant. Man erhält also den größten Flächeninhalt, wenn $\overline{A_nC_n}(x)$ den größten Wert annimmt. Berechnen Sie das Maximum von $\overline{A_nC_n}$ und vergleichen Sie mit dem gegebenen Flächeninhalt A = 7 FE.

B 2.1 Achten Sie bei der Konstruktion auf genaue und saubere Darstellung. Die Streckenlänge $\overline{ME}$ berechnen Sie mit dem Satz des Pythagoras und das Maß des Winkels φ mit dem Tangens.

B 2.2 Zeichnen Sie den Punkt S_1 korrekt ein. Berechnen Sie den Flächeninhalt mit der Formel. Die Seitenlänge $\overline{S_1G}$ bestimmen Sie mit dem Kosinussatz.

B 2.3 Zeichnen Sie die Pyramide in das Schrägbild von B 2.1 ein. Die Länge der Höhen können Sie mit dem Vierstreckensatz berechnen und das Volumen mit der Formel.

B 2.4 Es bieten sich zwei Möglichkeiten an.
1. Im Dreieck AME (mit dem eingezeichneten Punkt S_2) bestimmen Sie durch elementare Berechnungen das Maß des Winkels ES_2A. Dann können Sie im Dreieck AS_2E mit dem Sinussatz den Wert für x bestimmen. Diesen Wert setzen Sie in das Ergebnis V(x) der Aufgabe B 2.3 ein.
2. Sie berechnen im Dreieck AMS_2 das Maß des Winkels AS_2M. Sie müssen dabei mit dem Wechselwinkel zu φ rechnen. Jetzt können Sie mit dem Sinussatz $\overline{MS_2}$ berechnen. Im Dreieck Q_2MS_2 wird dann mit dem Sinussatz die Streckenlänge $\overline{Q_2S_2}$ (Höhe der Pyramide) berechnet. Nun kann das Volumen der Pyramide mit der Formel bestimmt werden.

B 2.5 Bestimmen Sie zuerst das Volumen des Prismas und das größtmögliche Volumen der Pyramide $ABCDS_2$ (der Punkt S_2 liegt auf dem Punkt E). Vergleichen Sie dann die Volumenformeln von Prisma und Pyramide mit gleicher Grundfläche und gleicher Höhe. Entscheiden Sie dann.

Prüfung 2019

Aufgabengruppe A

Aufgabe 1

Pia möchte einen Flugdrachen bauen. Dazu erstellt sie nebenstehende Skizze eines Drachenvierecks ABCD mit der Symmetrieachse AC und dem Diagonalenschnittpunkt M.

Es gilt: $\overline{AB} = 95$ cm; $\overline{AC} = 150$ cm; $\overline{BC} = 75$ cm.

Runden Sie im Folgenden auf Ganze.

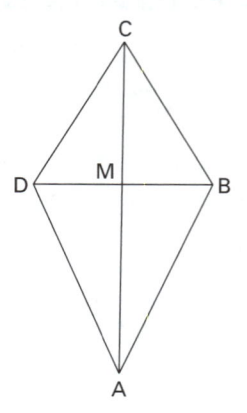

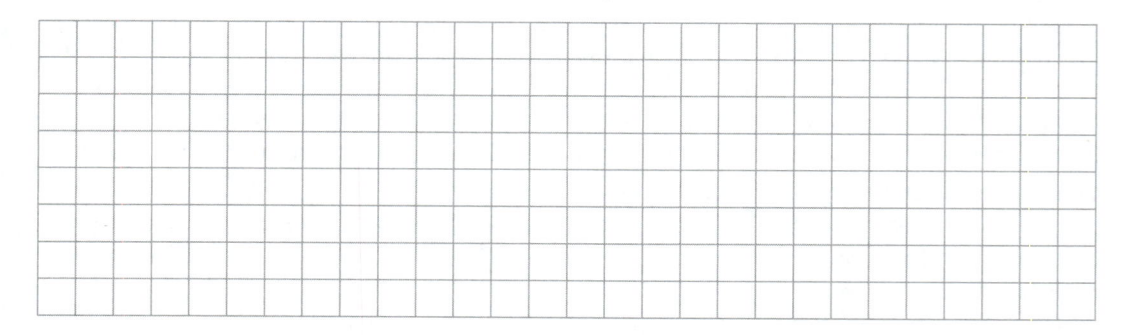

1.1 Zeigen Sie rechnerisch, dass für das Maß des Winkels ACB gilt:
∢ ACB = 32°.

2 P

1.2 Berechnen Sie die Länge der Diagonale [BD] und den Flächeninhalt A des Drachenvierecks ABCD.
[Ergebnis: $\overline{BD} = 79$ cm]

2 P

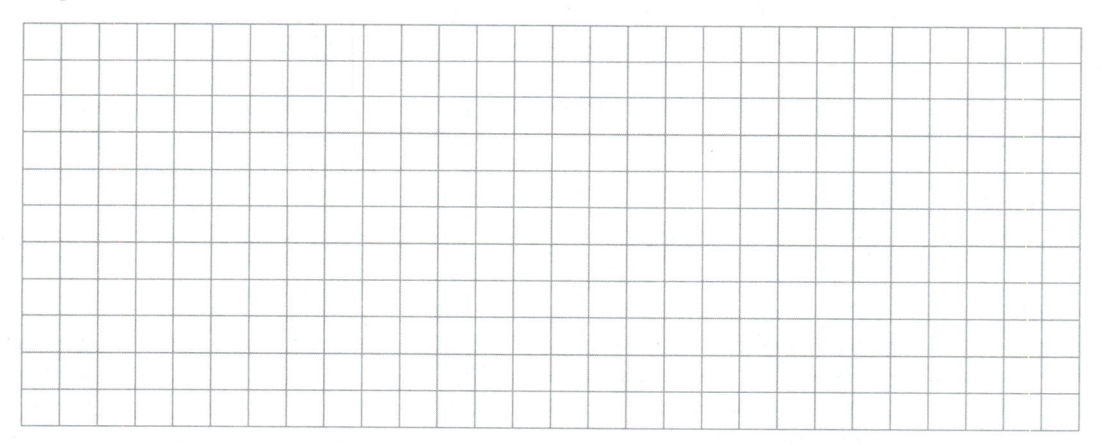

1.3 Da es im Baumarkt nur Holzstäbe mit einer Länge von 100 cm gibt, beschließt Pia, für die Diagonale [AC] diese Länge zu verwenden. Die Diagonale [BD] bleibt unverändert.
Kreuzen Sie an, um wie viel Prozent sich der Flächeninhalt dadurch verringert.

☐ 25%   ☐ 33%   ☐ 50%   ☐ 67%

1 P

Prüfung 2019

Aufgabe 2

Gegeben sind die Parabeln p_1 mit der Gleichung $y = 0{,}4x^2 - 1{,}8x - 4$ und p_2 mit der Gleichung $y = -0{,}2x^2 + 1{,}5x + 1$ ($\mathbb{G} = \mathbb{R} \times \mathbb{R}$).
Runden Sie im Folgenden auf zwei Stellen nach dem Komma.

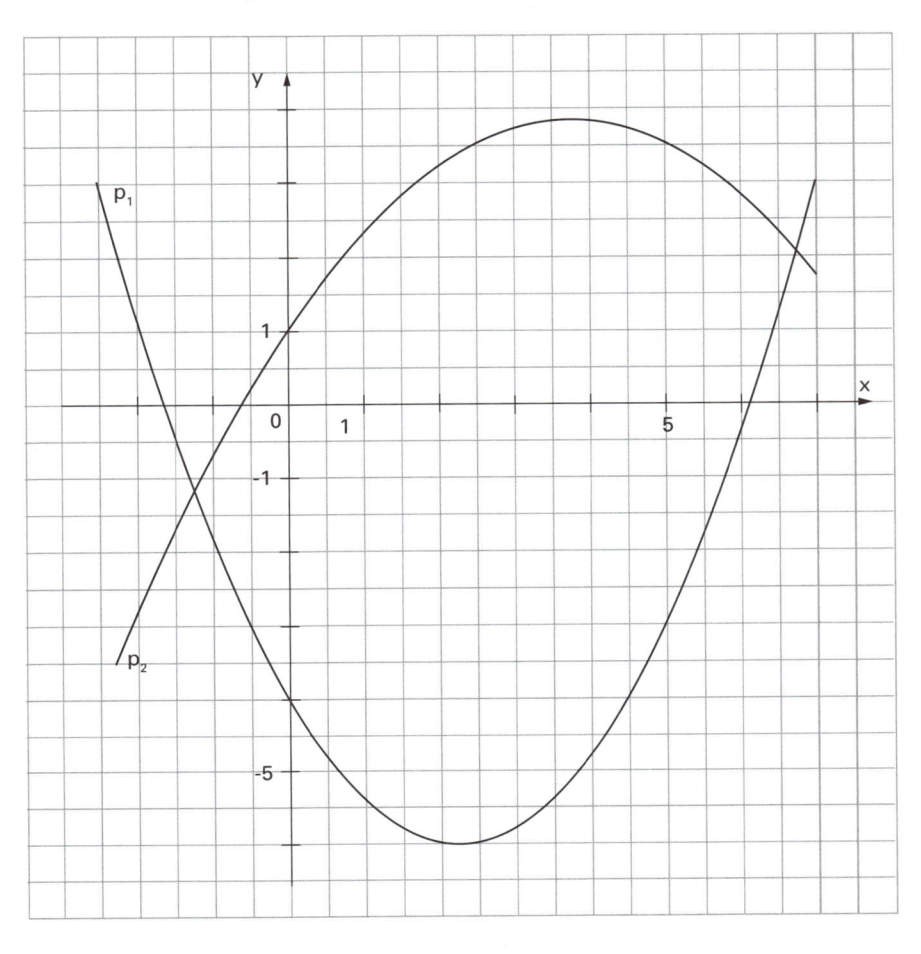

2.1 Punkte $B_n(x \mid 0{,}4x^2 - 1{,}8x - 4)$ auf p_1 und Punkte $C_n(x \mid -0{,}2x^2 + 1{,}5x + 1)$ auf p_2 haben dieselbe Abszisse x. Sie sind zusammen mit $A(0 \mid 1)$ für $x \in]0; 6{,}74[$ Eckpunkte von Dreiecken AB_nC_n.
Zeichnen Sie das Dreieck AB_1C für $x = 3$ in das Koordinatensystem zu Aufgabe 2 ein.
Zeigen Sie sodann, dass für die Länge der Strecken $[B_nC_n]$ in Abhängigkeit von der Abszisse x der Punkte B_n gilt: $\overline{B_nC_n}(x) = (-0{,}6x^2 + 3{,}3x + 5)$ LE.

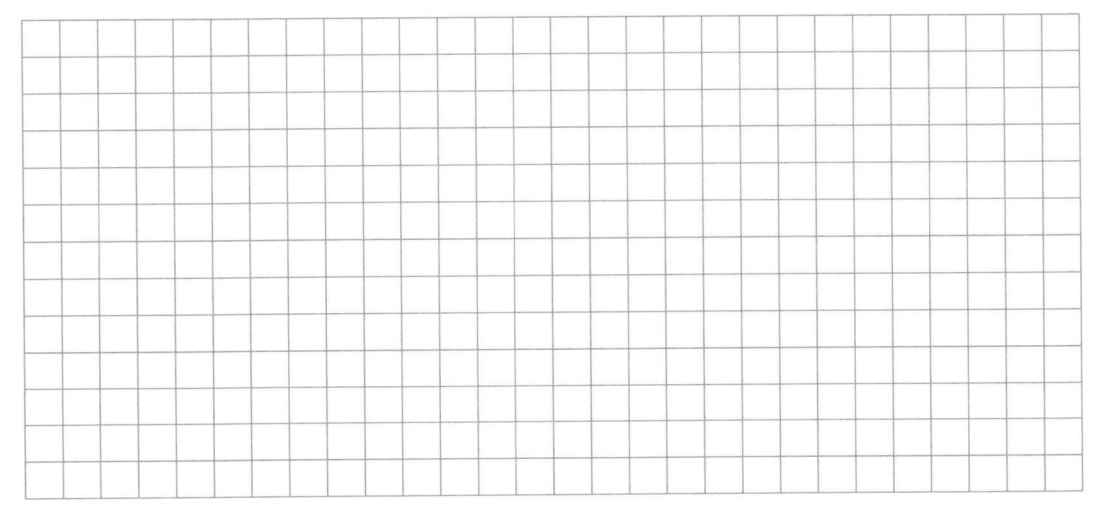

2 P

2.2 Begründen Sie, weshalb es unter den Dreiecken AB_nC_n kein Dreieck AB_0C_0 gibt, dessen Seite $[B_0C_0]$ eine Länge von 10 LE besitzt.

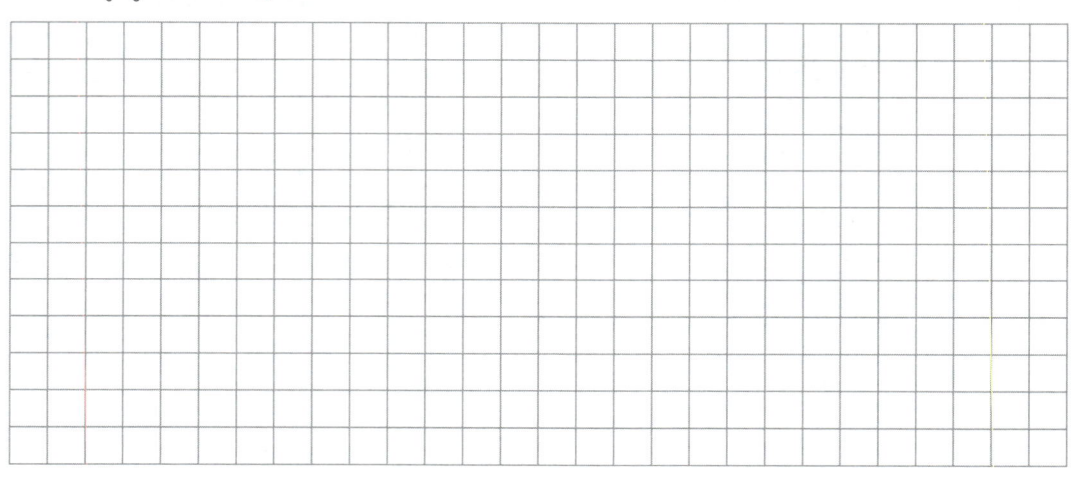

2 P

2.3 Die Mittelpunkte M_n der Seiten $[B_nC_n]$ haben dieselbe Abszisse x wie die Punkte B_n. Zeigen Sie, dass die y-Koordinate y_M der Punkte M_n gilt:
$y_M = 0{,}1x^2 - 0{,}15x - 1{,}5$.

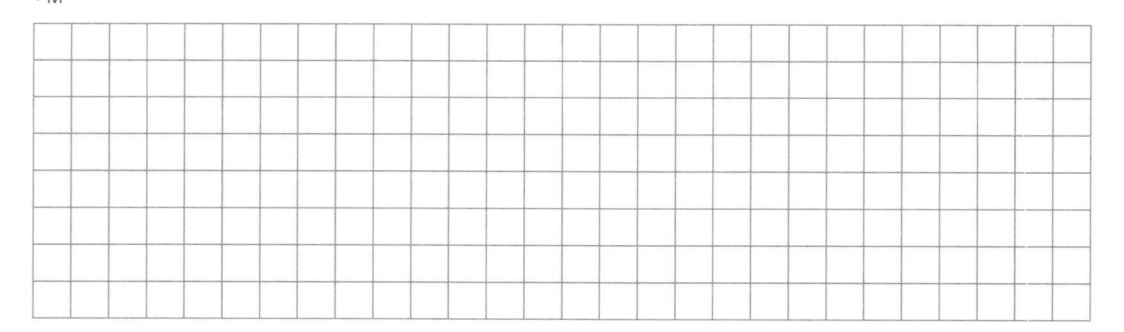

1 P

2.4 Das Dreieck AB_2C_2 ist gleichschenklig mit der Basis $[B_2C_2]$.
Berechnen Sie die x-Koordinate des Punktes M_2.

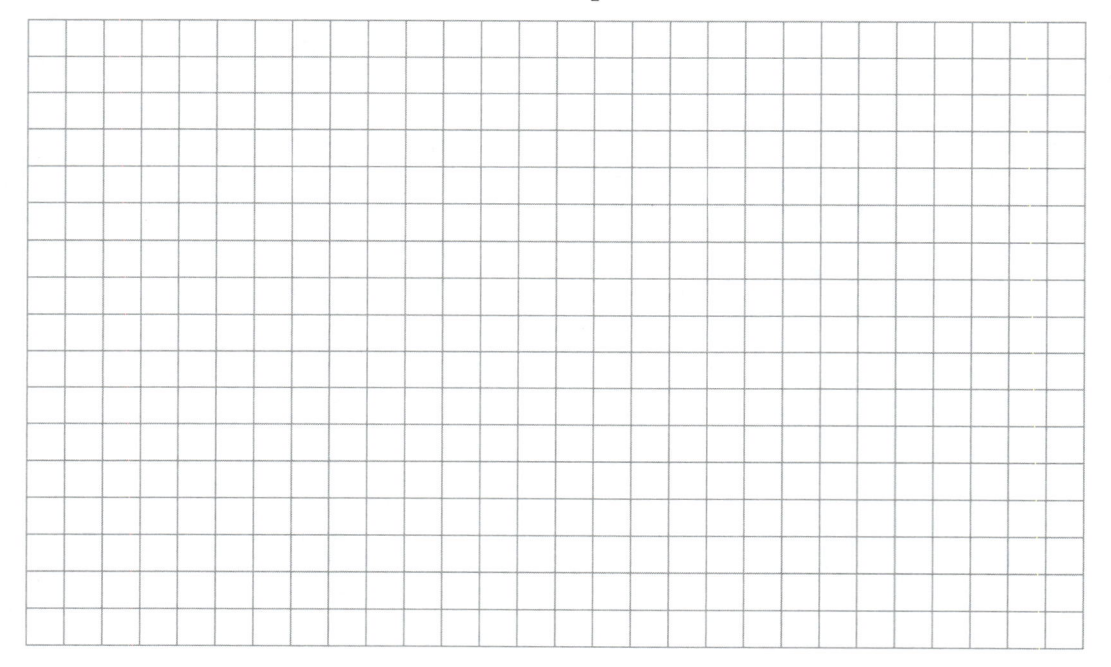

3 P

Aufgabe 3

Die nebenstehende Skizze zeigt den Axialschnitt ABCDEFGH eines Körpers mit der Rotationsachse MS. Diese Skizze dient als Vorlage zur Herstellung einer Sitzgelegenheit.

Es gilt:
$\overline{AM} = \overline{GO} = \overline{FN} = 21$ cm; AM ∥ GO ∥ FN;
$\overline{FG} = 5$ cm; FG ∥ ED;
∢ ASM = 16°; $\overline{MN} = 45$ cm.

Runden Sie im Folgenden auf eine Stelle nach dem Komma.

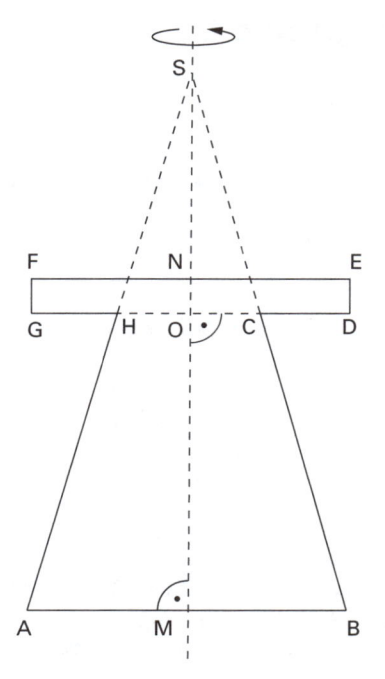

3.1 Berechnen Sie die Längen der Strecken [MS] und [HC].
[Ergebnisse: $\overline{MS} = 73{,}2$ cm; $\overline{HC} = 19{,}0$ cm]

2 P

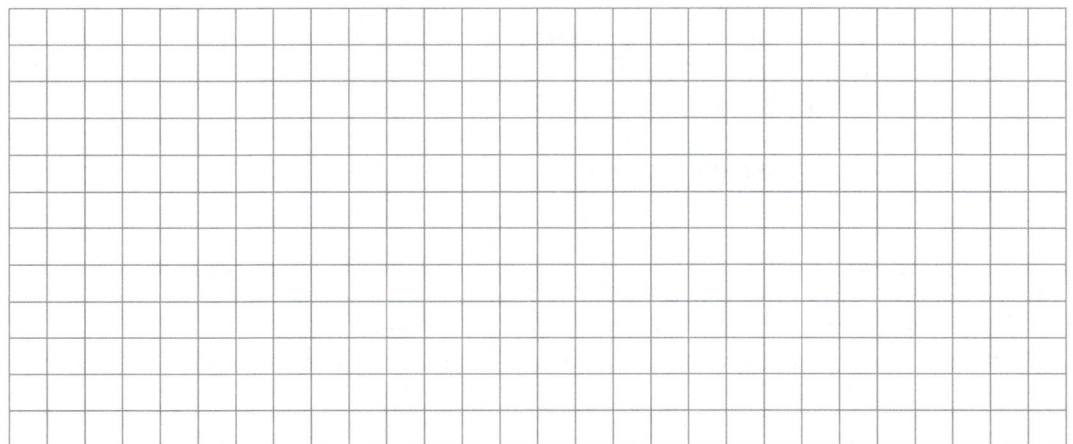

3.2 Bestimmen Sie rechnerisch das Volumen V des Rotationskörpers.

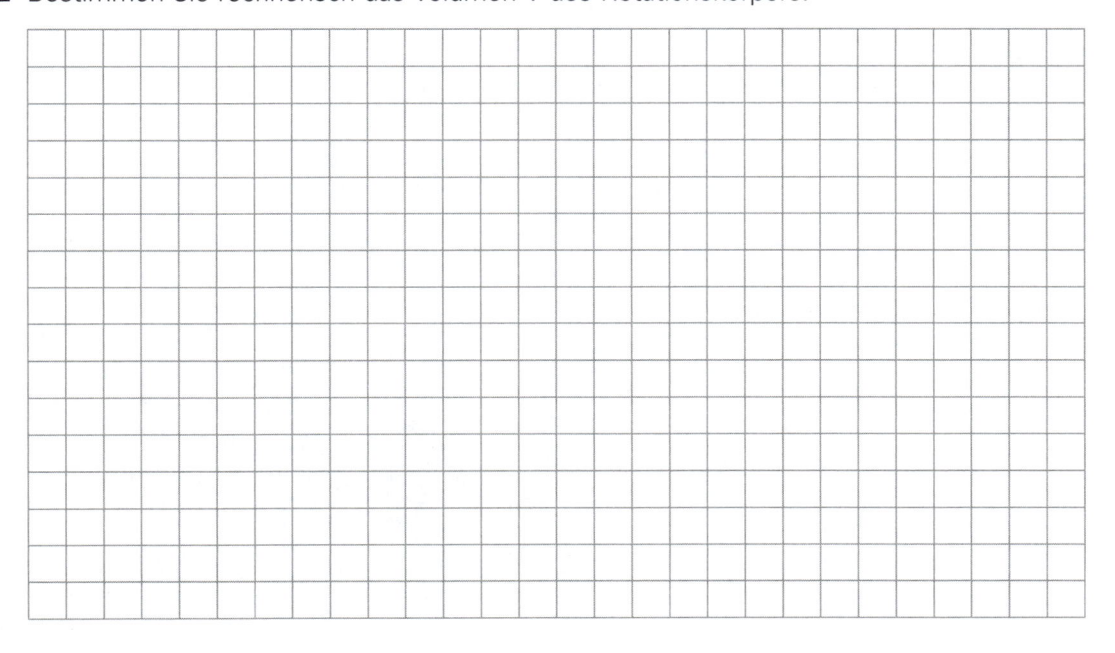

4 P

Prüfung 2019

Aufgabengruppe B

Aufgabe 1

Nebenstehende Skizze zeigt das Trapez ABCD.
Es gilt:
$\overline{AB}$ = 7 cm; $\overline{BC}$ = 10 cm; $\overline{AC}$ = 14 cm;
∢ CAD = 50°; AB ∥ CD.

Runden Sie im Folgenden auf zwei Stellen nach dem Komma.

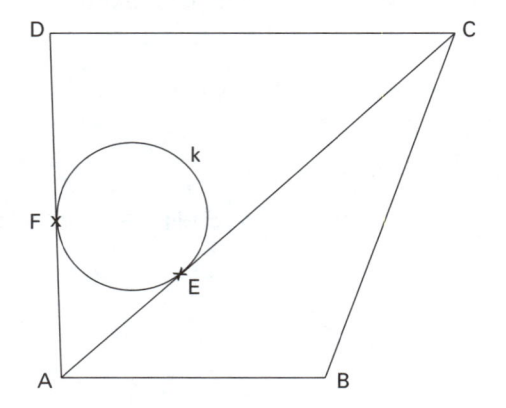

1.1 Zeichnen Sie das Trapez ABCD und berechnen Sie das Maß β des Winkels CBA sowie das Maß ε des Winkels BAC.
[Ergebnisse: β = 109,62°; ε = 42,28°] **4 P**

1.2 Die Strecke [BP] ist die kürzeste Verbindung des Punktes B zur Strecke [AC].
Ergänzen Sie in der Zeichnung zu 1.1 die Strecke [BP].
Berechnen Sie sodann den Umfang u des Dreiecks ABP. **3 P**

1.3 Berechnen Sie den Flächeninhalt A des Trapezes ABCD.
[Ergebnis: A = 83,51 cm²] **3 P**

1.4 Der Kreis k mit dem Mittelpunkt M berührt die Strecke [AC] im Punkt E und die Strecke [AD] im Punkt F. Für den Radius r gilt: r = $\overline{ME}$ = $\overline{MF}$ = 2 cm.
Ergänzen Sie in der Zeichnung zu 1.1 den Kreis k mit dem Mittelpunkt M.
Berechnen Sie sodann den prozentualen Anteil des Flächeninhalts des Kreises k am Flächeninhalt des Trapezes ABCD. **3 P**

1.5 Berechnen Sie den Flächeninhalt der Figur, die durch die Strecken [AE] und [AF] sowie den Kreisbogen $\overset{\frown}{FE}$ mit dem zugehörigen Mittelpunkt M begrenzt wird. **4 P**

Prüfung 2019

Aufgabe 2

Die nebenstehende Skizze zeigt ein Schrägbild der Pyramide ABCDS mit der Höhe [AS], deren Grundfläche das Drachenviereck ABCD mit dem Diagonalenschnittpunkt M ist.

Es gilt: $\overline{AC} = 9$ cm; $\overline{AM} = 3$ cm; $\overline{BD} = 8$ cm; $\overline{AS} = 10$ cm.

Runden Sie im Folgenden auf zwei Stellen nach dem Komma.

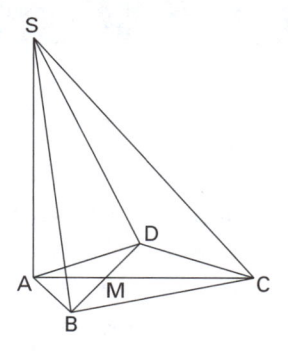

2.1 Zeichnen Sie das Schrägbild der Pyramide ABCDS, wobei die Strecke [AC] auf der Schrägbildachse und der Punkt A links vom Punkt C liegen soll.
Für die Zeichnung gilt: $q = \frac{1}{2}$; $\omega = 45°$. **Links vom Punkt A sind 5 cm freizuhalten.**
Berechnen Sie sodann die Länge der Strecke [MS] und das Maß φ des Winkels SMA.
[Ergebnisse: $\overline{MS} = 10{,}44$ cm; $\varphi = 73{,}30°$] 4 P

2.2 Für Punkte P_n auf der Strecke [MS] gilt: $\overline{SP_n}(x) = x$ cm ($x \in \mathbb{R}$ und $0 < x < 10{,}44$).
Verlängert man die Diagonale [AC] über den Punkt A hinaus um $1{,}5x$ cm, so erhält man Punkte A_n und es entstehen neue Pyramiden $A_n BCDP_n$.
Zeichnen Sie die Pyramide $A_1 BCDP_1$ und die zugehörige Höhe $[P_1 F_1]$ mit dem Höhenfußpunkt $F_1 \in [A_1 C]$ für $x = 3$ in das Schrägbild zu 2.1 ein. 2 P

2.3 Berechnen Sie das Maß α des Winkels $MA_1 P_1$. 3 P

2.4 Zeigen Sie rechnerisch, dass für das Volumen V der Pyramiden $A_n BCDP_n$ in Abhängigkeit von x gilt: $V(x) = (-1{,}92x^2 + 8{,}48x + 120)$ cm³.
[Teilergebnis: $\overline{P_n F_n}(x) = (10 - 0{,}96x)$ cm] 3 P

2.5 Unter den Pyramiden $A_n BCDP_n$ hat die Pyramide $A_0 BCDP_0$ das maximale Volumen V_{max}. Berechnen Sie, um wie viel Prozent V_{max} größer als das Volumen der ursprünglichen Pyramide ABCDS ist. 3 P

2.6 Zwei der folgenden Graphen stellen nicht das Volumen der Pyramiden $A_n BCDP_n$ in Abhängigkeit von x dar. Geben Sie diese an und begründen Sie Ihre Entscheidung. 2 P

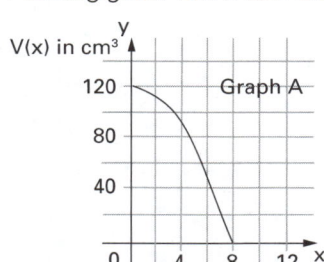

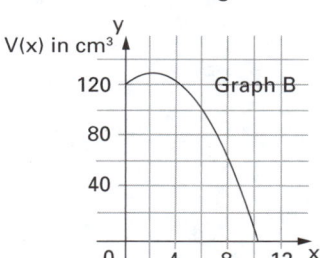

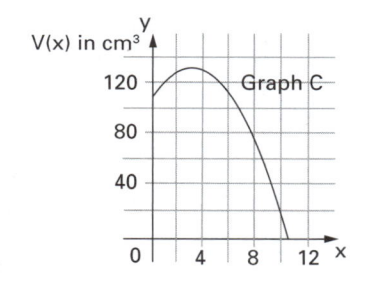

Prüfung 2019

Bearbeitungstipps

Achten Sie immer auf eine saubere Darstellung und die vorgegebenen Rundungen. Fertigen Sie zur Berechnung stets eine Skizze an und kennzeichnen Sie die gegebenen Maße.

Viele Berechnungen lassen sich auch mit dem (grafikfähigen) Taschenrechner lösen. Diese können geringfügige Abweichungen der gerundeten Ergebnisse ergeben.

A 1.1 Berechnung des Winkels mit dem Kosinussatz.

A 1.2 Berechnung von $\overline{BD}$ mit dem Sinus. Drachenvierecksflächenformel.

A 1.3 Überlegen Sie, um wie viel Prozent der zu kaufende Holzstab kleiner ist als die Originallänge.

A 2.1 Berechnung senkrechter Strecken: oberer y-Wert minus unterer y-Wert.

A 2.2 Stellen Sie die quadratische Gleichung in der Nullform auf und überprüfen Sie den Wert der Diskriminante.

A 2.3 Berechnen Sie die y-Koordinate des Mittelpunktes M der Seiten [BnCn].

A 2.4 Beim gleichschenkligen Dreieck muss der Punkt M auf der gleichen Höhe wie der Punkt A liegen, d. h. $y_M = y_A$.

A 3.1 Berechnung der Länge der Strecke [MS] mit dem Tangens
Berechnung der Länge der Strecke [HC] mit dem Vierstreckensatz

A 3.2 Das Volumen setzt sich zusammen aus einem Kegelstumpf (Differenz von 2 Kegeln) und einem Zylinder.

B 1.1 Berechnung des Winkels β mit dem Kosinussatz und des Winkels ε mit dem Sinussatz

B 1.2 Beachten Sie: die kürzeste Strecke ist die Senkrechte.

B 1.3 Berechnen Sie die Trapezhöhe mit dem Sinus und die Seite [CD] mit dem Sinussatz. Beachten Sie, dass der Trapezhöhenfußpunkt außerhalb des Trapezes liegt.

B 1.4 Für die Zeichnung: M ist der Schnittpunkt der Parallelen zu den Seiten [AC] und [AD] im Abstand 2 cm. Den Prozentsatz kann man mit dem Dreisatz berechnen.

B 1.5 Die Fläche der Figur erhält man als Differenz eines Drachenvierecks (2 gleiche Dreiecke) und eines Sektors.

B 2.1 Berechnung von $\overline{MS}$ und φ im rechtwinkligen Dreieck AMS mit dem Satz des Pythagoras bzw. dem Tangens.

B 2.2 Zeichnung

B 2.3 Berechnung von $\overline{A_1P_1}$ mit dem Kosinussatz und α mit dem Sinussatz im Dreieck A_1MP_1

B 2.4 Berechnung von $\overline{P_nF_n}$ (x) mit dem Vierstreckensatz im Dreieck AMS (mit der Parallelen F_nP_n)

B 2.5 Extremwertberechnung mit der quadratischen Ergänzung (vorher ausklammern!)

Berechnung des Prozentwertes mit dem Dreisatz

Berechnung des Volumens der Ausgangspyramide

B 2.6 Die Ergebnisse der Aufgabe B 2.5 (Berechnung der Volumenwerte V_{max} und V_{ABCDS} (x = 0)) helfen Ihnen als Grundlage zur Lösung der Aufgabe.

Prüfung 2020

Aufgabengruppe A

Aufgabe 1

Am 22.02.2020 kaufte sich Claudia für 2000 € Aktien. Sie geht davon aus, dass der Wert y € ihrer Aktien nach x Jahren durch die Funktion f: y = 2000 · 1,07^x mit $\mathbb{G} = \mathbb{R}_0^+ \times \mathbb{R}_0^+$ dargestellt werden kann.

1.1 Ergänzen Sie die Wertetabelle auf Ganze gerundet.
Zeichnen Sie sodann den Graphen zu f in das Koordinatensystem ein.

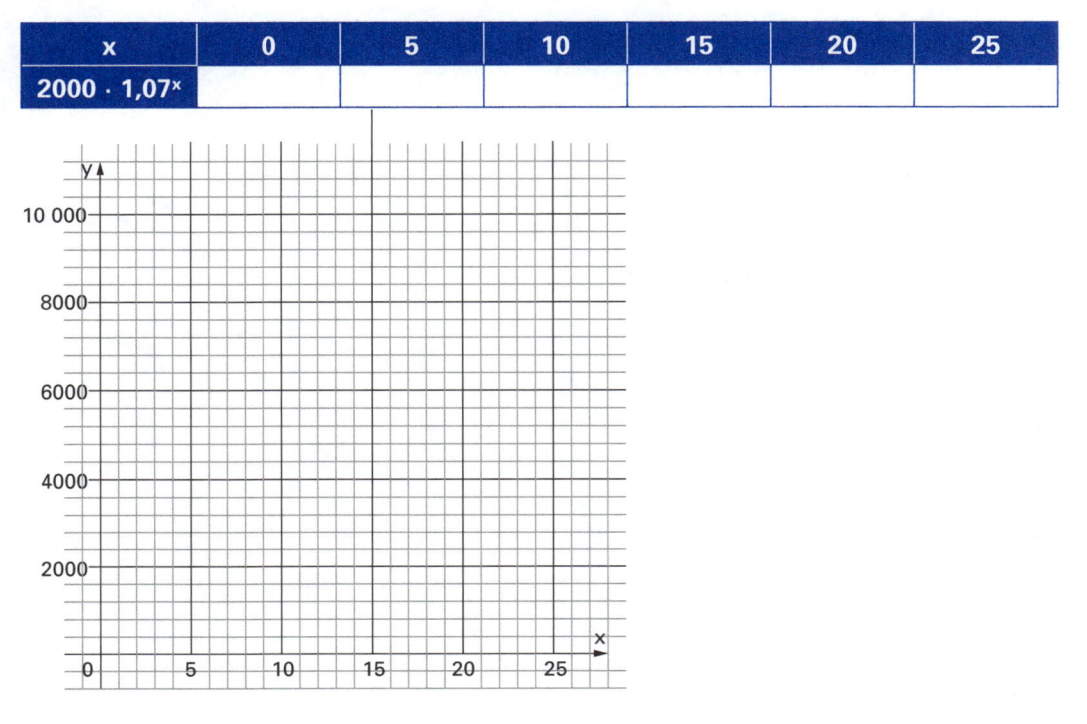

x	0	5	10	15	20	25
2000 · 1,07^x						

2 P

1.2 Ergänzen Sie die folgende Aussage.
Claudia nimmt an, dass der Wert ihrer Aktien jährlich um _____ Prozent zunimmt.

1 P

1.3 Ermitteln Sie mithilfe des Graphen, nach welcher Zeit sich das Anfangskapital verfünffacht hätte.

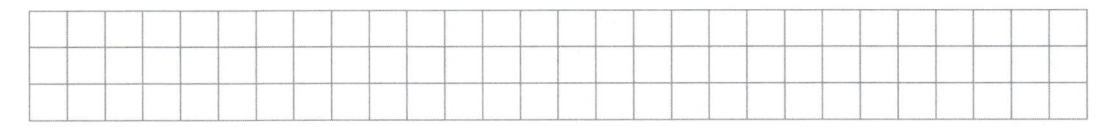

1 P

1.4 Claudia plant, am 22.02.2065 in den Ruhestand zu gehen.
Bestimmen Sie rechnerisch, wie viel ihre Aktien zu diesem Zeitpunkt nach der oben getroffenen Annahme wert wären. Runden Sie auf ganze Euro.

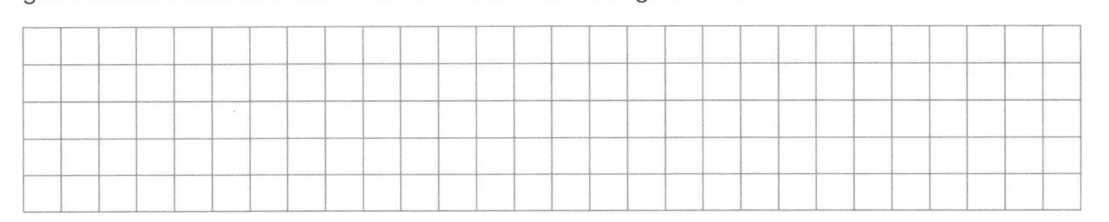

1 P

Aufgabe 2

Das Schrägbild zeigt die Pyramide ABCDS mit dem gleichschenkligen Trapez ABCD als Grundfläche und der Höhe [QS]. Der Punkt P ist der Mittelpunkt der Strecke [AB] und der Punkt Q ist der Mittelpunkt der Strecke [CD].

Es gilt: [AB] ∥ [CD]; $\overline{AB}$ = 6 cm; $\overline{CD}$ = 10 cm; $\overline{QS}$ = 8 cm; $\overline{PQ}$ = 4 cm.

Der Punkt R liegt auf der Strecke [PS] mit $\overline{PR}$ = 3 cm. Er ist der Mittelpunkt der Strecke [EF] mit E ∈ [AS], F ∈ [BS] und [EF] ∥ [AB].

Runden Sie im Folgenden auf zwei Stellen nach dem Komma.

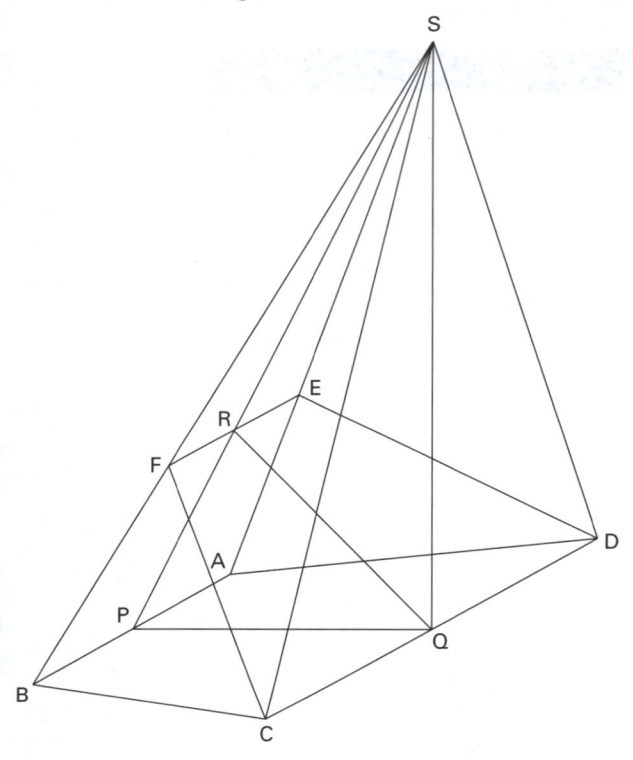

2.1 Berechnen Sie die Längen der Strecken [PS] und [EF].
[Ergebnis: $\overline{PS}$ = 8,94 cm; $\overline{EF}$ = 3,99 cm]

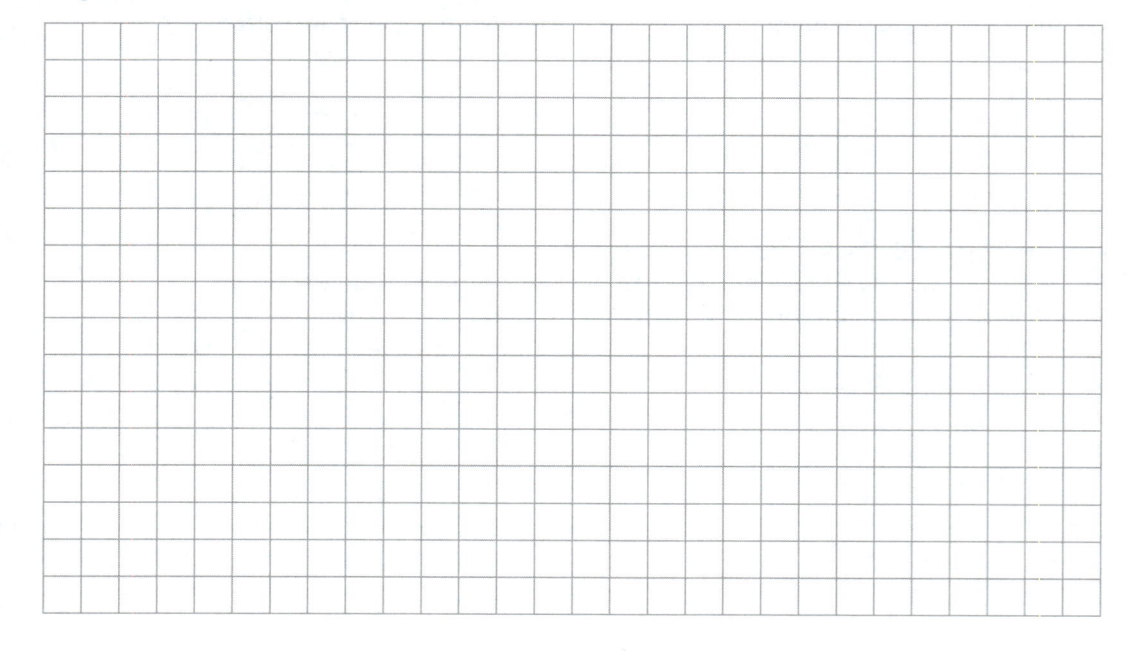

2 P

2.2 Berechnen Sie den Flächeninhalt A des Trapezes CDEF.
[Zwischenergebnis: ∢ QPS = 63,43°]

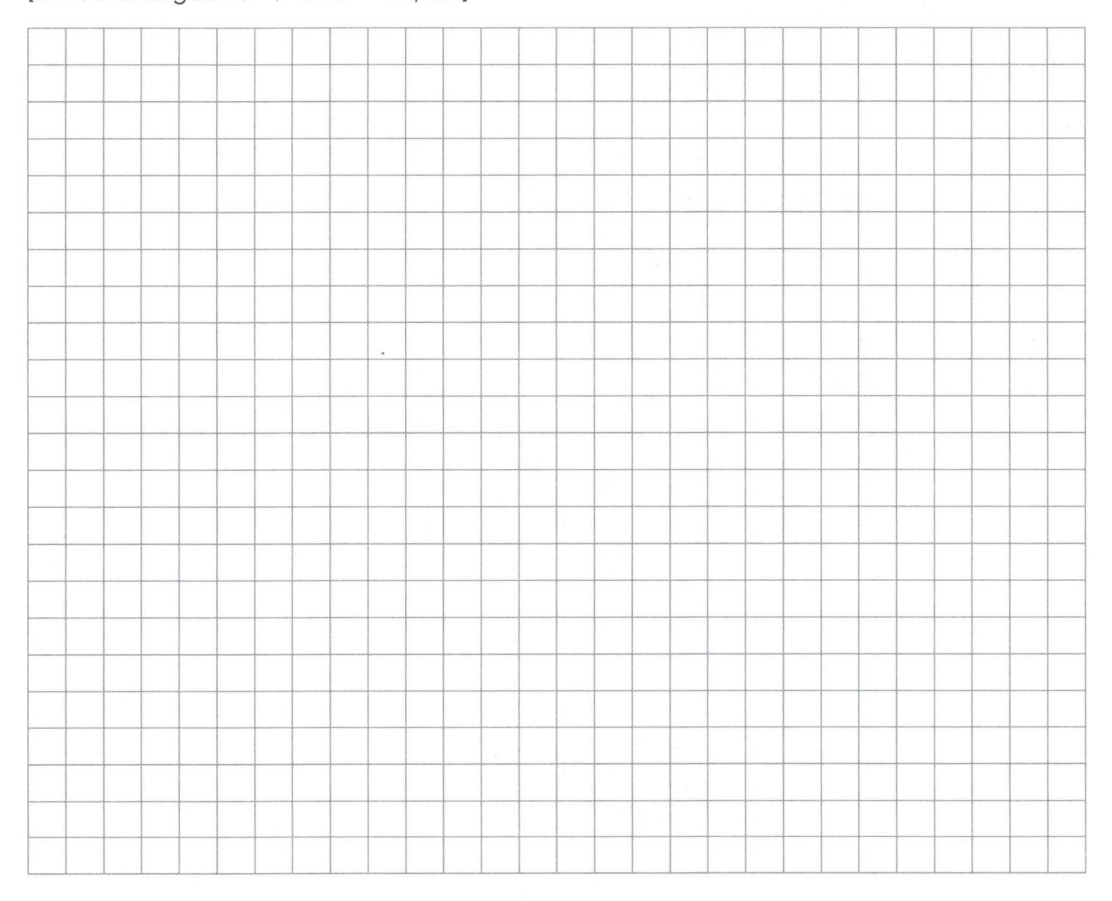

3 P

2.3 Der Punkt T liegt auf der Strecke [QS] mit [RT] ∥ [PQ]. Das Dreieck EFT ist die Grundfläche der Pyramide EFTS mit der Spitze S.
Zeichnen Sie die Pyramide EFTS in das Schrägbild zu Aufgabe 2 ein.
Berechnen Sie sodann das Volumen V der Pyramide EFTS.

4 P

Prüfung 2020

Aufgabe 3

Die nebenstehende Skizze zeigt das Dreieck ABC mit $\overline{AB}$ = 7 cm, $\overline{BC}$ = 5 cm und ∢ACB = 40°. Die Strecke [DE] wird durch die Punkte D ∈ [AC] und E ∈ [BC] festgelegt.

Es gilt: [AB] ∥ [DE]; $\overline{DE}$ = 3,6 cm.

Runden Sie im Folgenden auf zwei Stellen nach dem Komma.

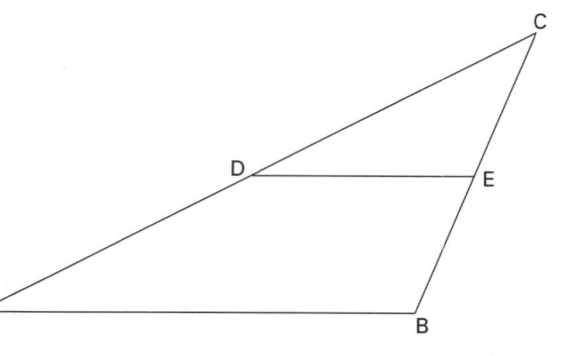

3.1 Berechnen Sie die Länge der Strecke [BE].
[Ergebnis: $\overline{BE}$ = 2,43 cm]

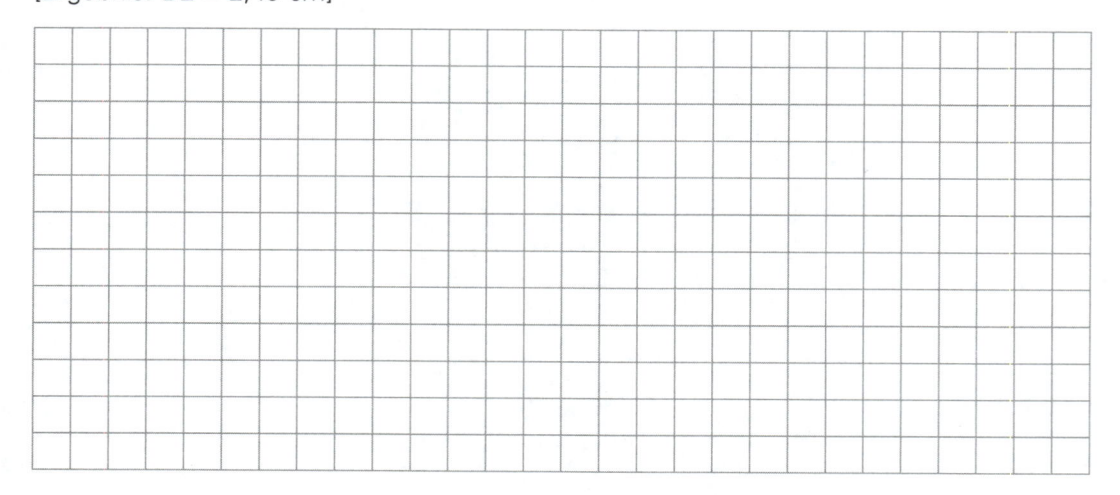

2 P

3.2 Berechnen Sie den Abstand d der Strecken [AB] und [DE].

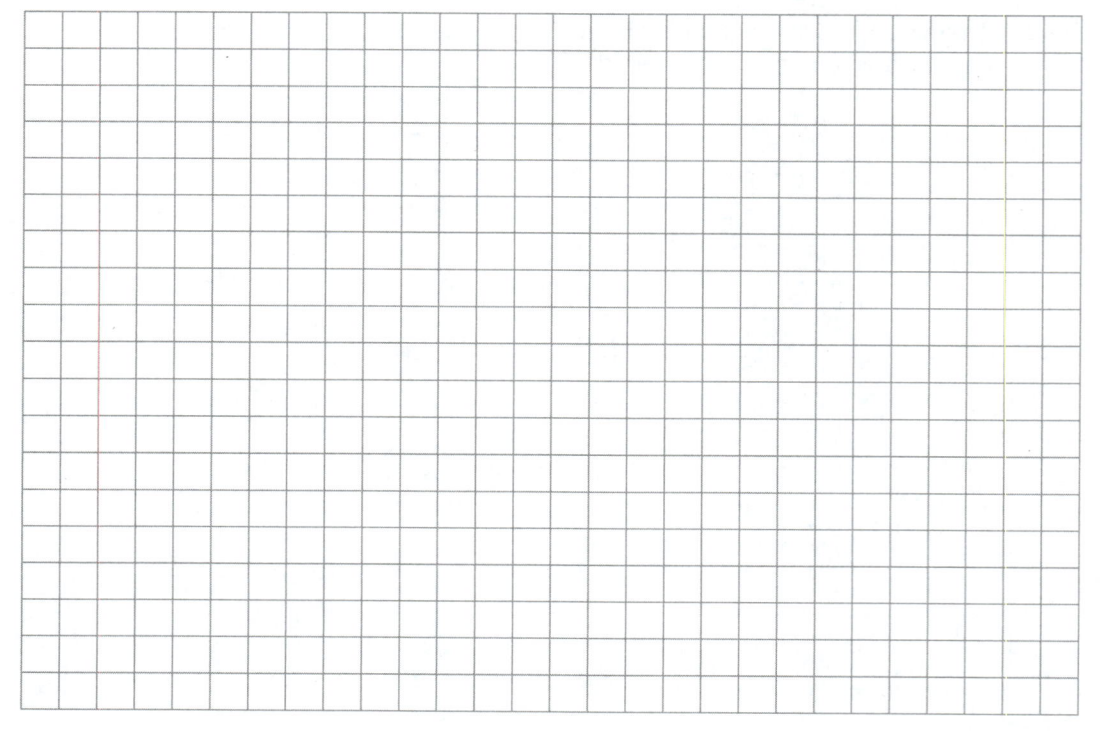

3 P

Prüfung 2020

Aufgabengruppe B

Aufgabe 1

Die Parabel p mit dem Scheitelpunkt S (5 | -4,5) hat eine Gleichung der Form $y = 0,1x^2 + bx + c$ ($\mathbb{G} = \mathbb{R} \times \mathbb{R}$; $b, c \in \mathbb{R}$).

Die Gerade g hat die Gleichung $y = -0,5x + 1$ ($\mathbb{G} = \mathbb{R} \times \mathbb{R}$).

Runden Sie im Folgenden auf zwei Stellen nach dem Komma.

1.1 Zeigen Sie durch Rechnung, dass für die Gleichung der Parabel p gilt: $y = 0,1x^2 - x - 2$.

Zeichnen Sie sodann die Parabel p und die Gerade g für $x \in [-4; 9]$ in ein Koordinatensystem ein.

Für die Zeichnung: Längeneinheit 1 cm; $-4 \leq x \leq 9$; $-6 \leq y \leq 4$ 3 P

1.2 Punkte A_n (x | -0,5x + 1) auf der Geraden g und Punkte B_n (x | $0,1x^2 - x - 2$) auf der Parabel p haben dieselbe Abszisse x und sind zusammen mit Punkten C_n und D_n Eckpunkte von Trapezen $A_nB_nC_nD_n$.

Es gilt: $[A_nB_n] \parallel [C_nD_n]$; $\overrightarrow{A_nD_n} = \begin{pmatrix} 2 \\ 1 \end{pmatrix}$; $\overline{C_nD_n} = 5$ LE.

Zeichnen Sie die Trapeze $A_1B_1C_1D_1$ für $x = -1$ und $A_2B_2C_2D_2$ für $x = 4$ in das Koordinatensystem zu Aufgabe B 1.1 ein. 2 P

1.3 Ermitteln Sie rechnerisch, für welche Belegungen von x es Trapeze $A_nB_nC_nD_n$ gibt. 3 P

1.4 Berechnen Sie den Flächeninhalt A der Trapeze $A_nB_nC_nD_n$ in Abhängigkeit von x.

Bestimmen Sie sodann den maximalen Flächeninhalt A_{max} der Trapeze $A_nB_nC_nD_n$ und geben Sie den zugehörigen Wert für x an.

[Zwischenergebnis: $\overline{A_nB_n}(x) = (-0,1x^2 + 0,5x + 3)$ LE] 4 P

1.5 Der Punkt D_3 des Trapezes $A_3B_3C_3D_3$ liegt auf der y-Achse.
Ermitteln Sie durch Rechnung die Koordinaten des Punktes B_3. 2 P

1.6 Die kongruenten Trapeze $A_4B_4C_4D_4$ und $A_5B_5C_5D_5$ sind gleichschenklig.
Zeigen Sie, dass die Strecken $[A_4B_4]$ und $[A_5B_5]$ jeweils 3 LE lang sind.
Berechnen Sie sodann das Maß γ der Winkel $D_4C_4B_4$ bzw. $D_5C_5B_5$. 3 P

Prüfung 2020

Aufgabe 2

Nebenstehende Skizze zeigt das Fünfeck ABCDE, das aus dem Drachenviereck ABCD mit der Symmetrieachse AC und dem Dreieck ADE besteht.

Es gilt:
$\overline{AB} = \overline{AD} = 11$ cm; ∡ BAD = 45°;
∡ CBA = ∡ ADC = ∡ BAE = 90°; [AB] ∥ [ED].

Runden Sie im Folgenden auf zwei Stellen nach dem Komma.

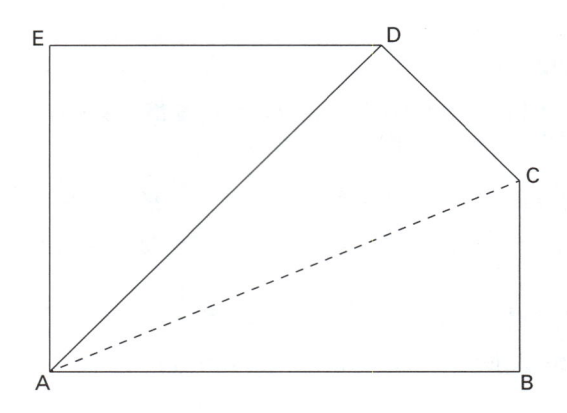

2.1 Zeichnen Sie das Fünfeck ABCDE sowie die Strecken [AD] und [AC]. **2 P**

2.2 Begründen Sie, weshalb ∡ EDC = 135° und $\overline{AE} = \overline{ED}$ gilt.
Berechnen Sie sodann die Länge der Strecke [ED].
[Teilergebnis: $\overline{ED}$ = 7,78 cm] **3 P**

2.3 Berechnen Sie die Länge der Strecke [BC] und den prozentualen Anteil des Flächeninhalts des Drachenvierecks ABCD am Flächeninhalt des Fünfecks ABCDE.
[Teilergebnis: $\overline{BC}$ = 4,56 cm] **4 P**

2.4 Auf der Strecke [AE] liegen Punkte S_n, für die gilt: $\overline{ES_n}(x) = x$ cm mit $x \in \mathbb{R}$, $x \in]0; 7{,}78[$.
Punkte R_n liegen auf dem Kreisbogen $\overset{\frown}{AD}$ mit dem Mittelpunkt E.
Ferner gilt: $[S_n R_n]$ ∥ [ED].

Zeichnen Sie den Kreisbogen $\overset{\frown}{AD}$ und die Strecke $[S_1 R_1]$ für x = 2 in die Zeichnung zu Aufgabe B 2.1 ein. **2 P**

2.5 Der Punkt R_2 ist der Schnittpunkt des Kreisbogens $\overset{\frown}{AD}$ mit der Symmetrieachse AC des Drachenvierecks ABCD.
Ergänzen Sie die Zeichnung zu Aufgabe B 2.1 um das Dreieck $S_2 R_2 E$ und berechnen Sie die Länge der Strecke $[S_2 R_2]$.
[Zwischenergebnis: ∡ R_2AE = ∡ ER_2A = 67,5°] **3 P**

2.6 Die Bogenlänge b des Kreisbogens $\overset{\frown}{R_3 D}$ mit dem Mittelpunkt E beträgt 3 cm.
Berechnen Sie das Maß des Winkels R_3ED und den zugehörigen Wert für x. **3 P**

Bearbeitungstipps

A1.1 Setzen Sie die gegebenen Werte in die Funktionsgleichung ein. Achten Sie auf saubere und genaue Zeichnung.

A1.2 Beachten Sie: 1,07 = 1 + 0,07

A1.3 2000 € · 5 = 10 000 €

A1.4 Beachten Sie: 2065 – 2020 = 45

A2.1 Berechnung der Länge der Strecke [PS] im Dreieck PQS mit dem Satz des Pythagoras. Berechnung der Länge der Strecke [EF] mit dem Vierstreckensatz.

A2.2 Berechnung der Länge der Strecke [QR] im Dreieck PQR mit dem Kosinussatz. Dazu ist die Größe des Winkels QPR erforderlich (Berechnung mit Tangens im Dreieck PQS). Die Fläche des Trapezes erhalten Sie über die Flächenformel.

A2.3 Das Volumen der Pyramide EFTS berechnen Sie mit der Volumenformel. Die dazu erforderlichen Längen der Strecken [RT] und [TS] berechnen Sie im Dreieck RTS mit dem Kosinus bzw. dem Sinus.

A3.1 Die zur Berechnung der Länge der Strecke [BE] erforderliche Länge der Strecke [CE] berechnen Sie mit dem Vierstreckensatz.

A3.2 Zur Berechnung des Abstandes d brauchen Sie die Größe des Winkels BAC (Sinussatz im Dreieck ABC) und die Größe des Außenwinkels zum Winkel CBA. Den Abstand d berechnen Sie im rechtwinkligen Dreieck BFE (F ist der Fußpunkt des Abstandes d) mit dem Sinus.

B1.1 Die Parabelgleichung p berechnen Sie mit der Scheitelgleichung. Zur Zeichnung der Parabel erstellen Sie eine Wertetabelle.

B1.2 Achten Sie auf saubere und genaue Zeichnung.

B1.3 Trapeze gibt es nur für Parabelpunkte B_n, die zwischen den Schnittpunkten der Parabel p mit der Geraden g liegen.

B1.4 Zur Berechnung der Trapezfläche brauchen Sie die Länge der Strecke $[A_nB_n]$ (oberer y-Wert minus unterer y-Wert) und die Höhe h (ersichtlich aus dem Vektor $\overrightarrow{A_nD_n}$). Den Extremwert berechnen Sie mit dem grafikfähigen Taschenrechner oder der quadratischen Ergänzung.

B1.5 Für die Punkte $D_n \in$ y-Achse gilt: $x_{D3} = 0$

A_3 und B_3 liegen 2 Einheiten links von D_3.

B1.6 Die Abstände der Punkte $D_{4,5}$ zur Parallelen durch $A_{4,5}$ zur x-Achse und der Punkt $C_{4,5}$ zur Parallelen durch $B_{4,5}$ zur x-Achse sind gleich groß.

Das Maß des Winkels γ berechnen Sie im rechtwinkligen Dreieck mit den Kathetenlängen 2 LE und 1 LE mit dem Tangens.

B2.1 Achten Sie auf saubere und genaue Zeichnung.

B2.2 Überlegen Sie, aus welchen bekannten Winkeln ∢ EDC zusammengesetzt ist. Denken Sie dabei an die Parallelität von Strecken. Die Länge der Strecke [ED] können Sie im Dreieck ADE mit dem Sinus berechnen.

B2.3 Berechnen Sie die Länge der Strecke [BC] im Dreieck ABC mit dem Tangens. Den Flächeninhalt des Fünfecks können Sie als Summe mehrerer Dreiecksflächeninhalte berechnen. Den prozentualen Anteil können Sie mit dem Dreisatz berechnen.

B2.4 Saubere und genaue Zeichnung ist zu beachten.

B2.5 Die Länge der Strecke $[S_2R_2]$ berechnen Sie im Dreieck ES_2R_2 mit dem Sinus. Dazu müssen Sie vorher einige Winkelmaße überlegen.

B2.6 Das Maß des Winkels R_3ED können Sie über die Formel für die Bogenlänge berechnen. Die Länge der Strecke $[ES_3]$ berechnen Sie im Dreieck ES_3R_3 mit dem Kosinus. Dazu müssen Sie vorher die nötigen Winkelmaße überlegen.

Prüfung 2021

Aufgabengruppe A

Aufgabe 1

Die nebenstehende Skizze zeigt die Figur, die durch die Strecken [AB] und [AC] sowie den Kreisbogen $\overset{\frown}{BC}$ mit dem Mittelpunkt M und dem Radius r = $\overline{MB}$ begrenzt wird.
Es gilt:
$\overline{AD}$ = 2 cm; $\overline{MA} = \overline{MB} = \overline{MC}$ = 5 cm; ∢ MDC = 90°

Runden Sie im Folgenden auf zwei Stellen nach dem Komma.

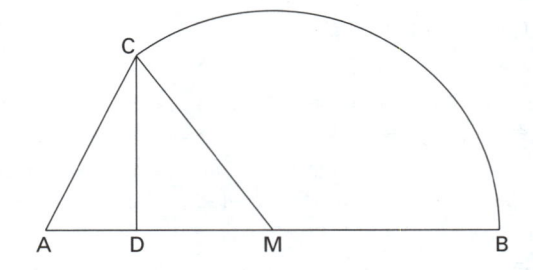

1.1 Berechnen Sie das Maß des Winkels CMD und die Länge b des Kreisbogens $\overset{\frown}{BC}$.
[Teilergebnis: ∢ CMD = 53,13°]

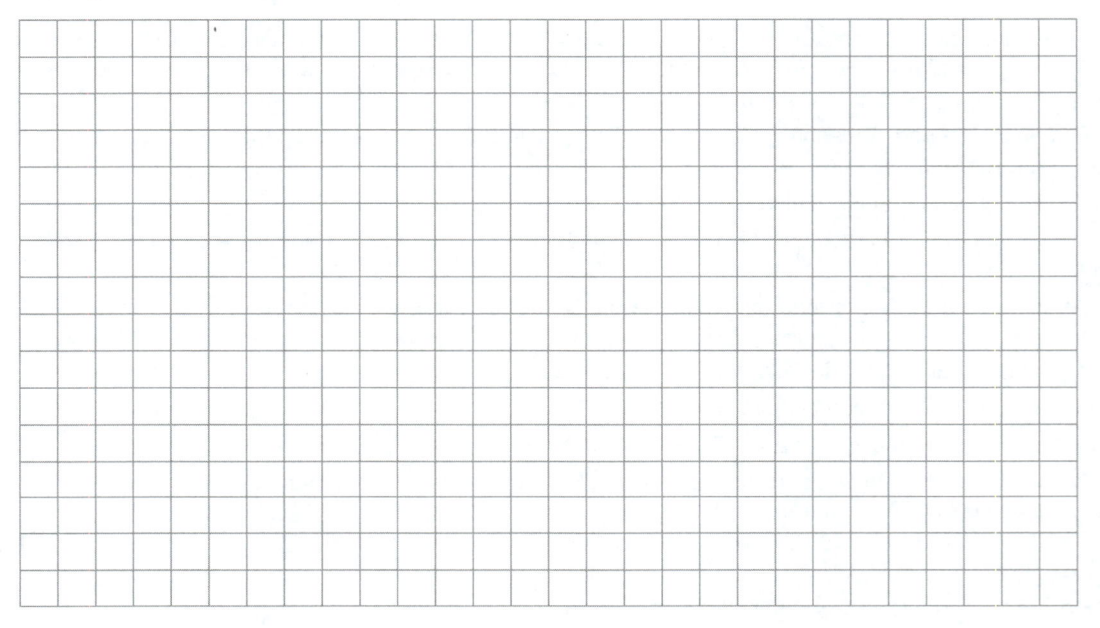

3 P

1.2 Ermitteln Sie rechnerisch den Flächeninhalt der Figur aus Aufgabe 1.

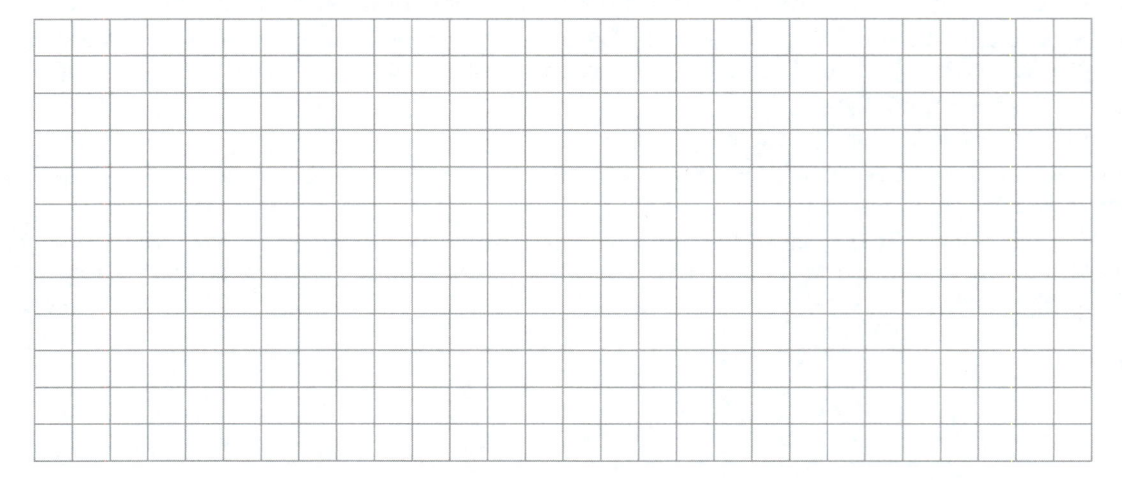

2 P

Aufgabe 2

Gegeben sind die Parabel p mit der Gleichung $y = 0{,}25x^2 - 3x + 8$ und die Gerade g mit der Gleichung $y = -0{,}25x + 6{,}5$. Es gilt: $\mathbb{G} = \mathbb{R} \times \mathbb{R}$.
Die Punkte A und B sind die Schnittpunkte der Parabel p und der Geraden g.

Runden Sie im Folgenden auf zwei Stellen nach dem Komma.

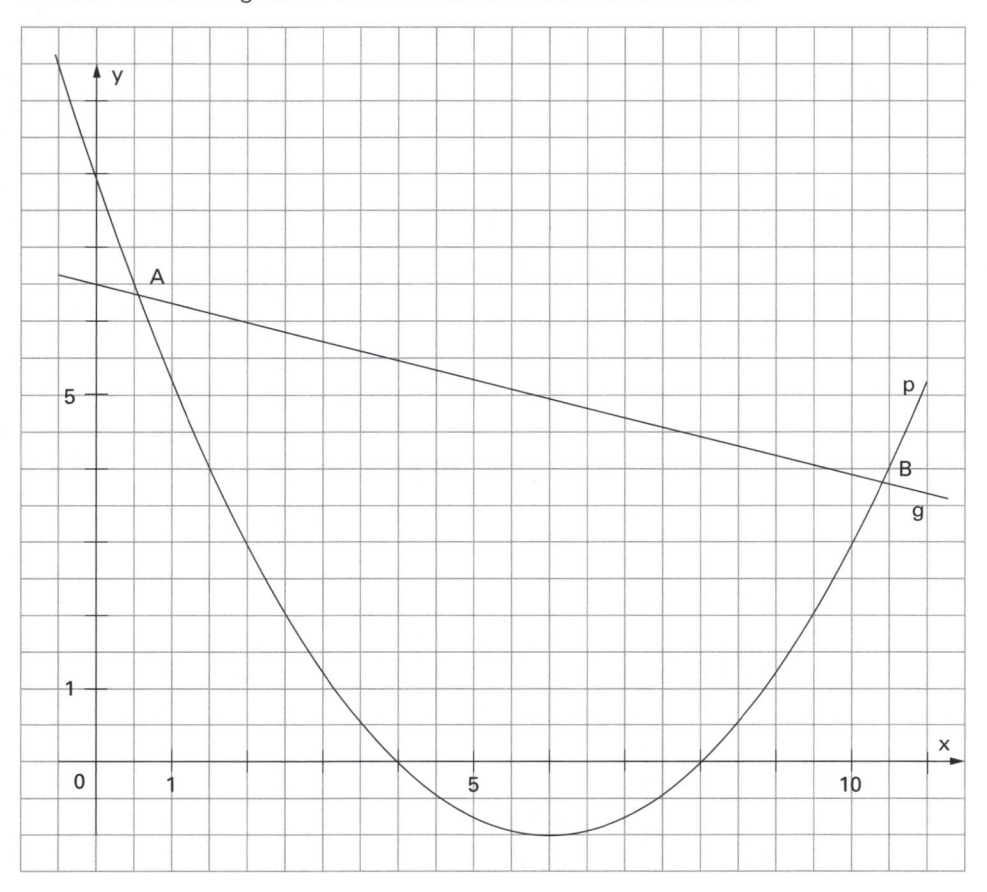

2.1 Berechnen Sie die Koordinaten der Punkte A und B.

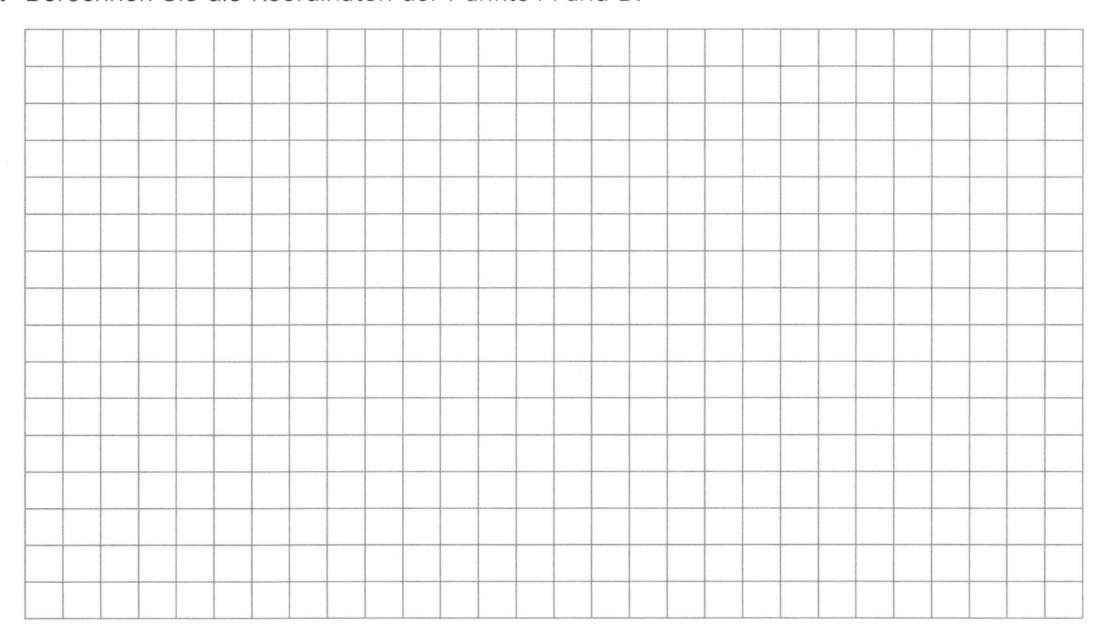

3 P

2.2 Punkte $P_n(x \mid 0{,}25x^2 - 3x + 8)$ auf p und Punkte $Q_n(x \mid -0{,}25x + 6{,}5)$ auf g haben dieselbe Abszisse x. Für die Strecken $[P_nQ_n]$ gilt: $y_{Q_n} > y_{P_n}$. Die Mittelpunkte M_n der Strecken $[P_nQ_n]$ sind zugleich Mittelpunkte von Kreisen k_n mit den Durchmessern $\overline{P_nQ_n}$.

Zeichnen Sie die Strecke $[P_1Q_1]$ sowie den Mittelpunkt M_1 und den Kreis k_1 mit dem Durchmesser $\overline{P_1Q_1}$ für x = 7 in das Koordinatensystem zu Aufgabe 2 ein. **2 P**

2.3 Zeigen Sie rechnerisch, dass für die Länge der Strecken $[P_nQ_n]$ in Abhängigkeit von der Abszisse x der Punkte P_n gilt: $\overline{P_nQ_n}(x) = (-0{,}25x^2 + 2{,}75x - 1{,}5)$ LE

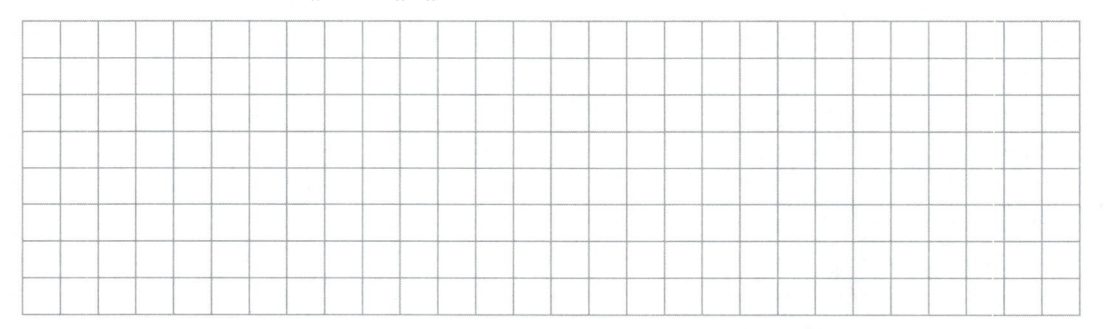

1 P

2.4 Unter den Kreisen k_n gibt es einen Kreis k_0 mit maximalem Umfang u_{max}. Berechnen Sie u_{max}.

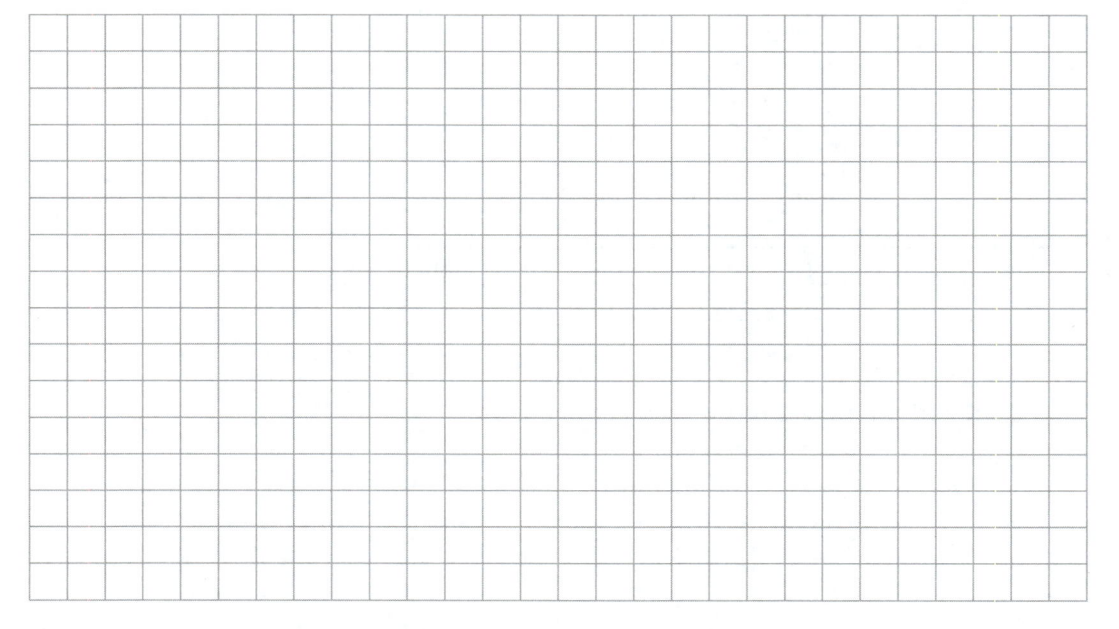

2 P

2.5 Ein Kreis k_3 hat den 4-fachen Durchmesser eines Kreises k_2. Hat k_3 dann den 16-fachen Flächeninhalt von k_2? Begründen Sie Ihre Antwort.

2 P

Aufgabe 3

Die nebenstehende Skizze zeigt den Axialschnitt ABCDEF eines Körpers mit der Rotationsachse GK. Der Punkt G ist der Schnittpunkt der Geraden CD und FE.

Es gilt:
$\overline{AB} = \overline{CF} = 5$ cm; $\overline{AF} = \overline{BC} = 4$ cm;
$\overline{ED} = 2{,}4$ cm ; $\sphericalangle$ GFK = 50°;
[AF] ∥ [GK] ∥ [BC]

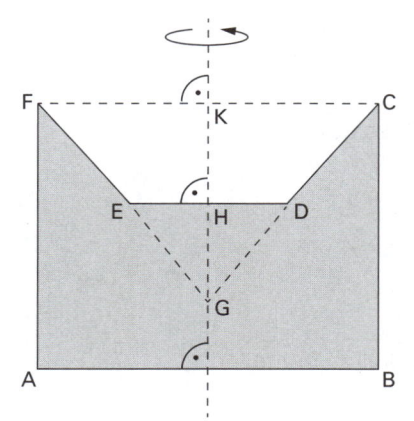

Berechnen Sie das Volumen des Rotationskörpers auf zwei Stellen nach dem Komma gerundet.
[Zwischenergebnisse: $\overline{GK} = 2{,}98$ cm; $\overline{GH} = 1{,}43$ cm]

5 P

Aufgabengruppe B

Aufgabe 1

Die nebenstehende Skizze zeigt das Fünfeck ABCDE.

Es gilt:
$\overline{AB}$ = 7 cm; $\overline{AE}$ = 8 cm; $\overline{DE}$ = 4 cm;
$\overline{CE}$ = 11 cm; $\overline{CD}$ = 9 cm;
∢ BAE = 90°; ∢ AED = 128°

Runden Sie im Folgenden auf zwei Stellen nach dem Komma.

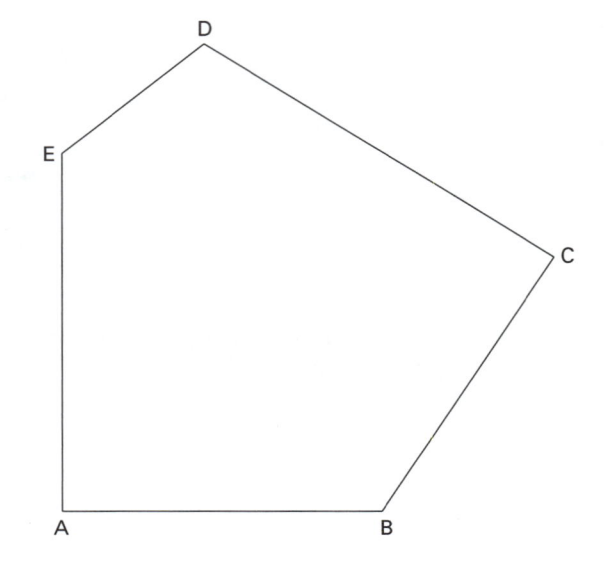

1.1 Zeichnen Sie das Fünfeck ABCDE sowie die Strecken [BE] und [CE].
Berechnen Sie sodann die Länge der Strecke [BE] und das Maß des Winkels AEB.
[Teilergebnisse: $\overline{BE}$ = 10,63 cm; ∢ AEB = 41,19°]   4 P

1.2 Ermitteln Sie durch Rechnung den Flächeninhalt des Vierecks ABCE.
[Zwischenergebnis: ∢ BEC = 36,33°]   4 P

1.3 Zeigen Sie rechnerisch, dass für die Länge der Strecke [BC] und das Maß des Winkels ECB gilt: $\overline{BC}$ = 6,75 cm; ∢ ECB = 68,90°   2 P

1.4 Die Punkte F ∈ [CE] und G ∈ [BE] legen die Strecke [FG] fest, wobei gilt:
[FG] ∥ [BC] und $\overline{CF}$ = 3 cm

Ergänzen Sie die Strecke [FG] in der Zeichnung zu Aufgabe B 1.1 und berechnen Sie den Flächeninhalt des Vierecks BCFG.   4 P

1.5 Ein Kreis mit dem Mittelpunkt A berührt die Strecke [BE] im Punkt R. Er schneidet die Strecke [AB] im Punkt Q und die Strecke [AE] im Punkt S.

Zeichnen Sie den Kreisbogen $\overset{\frown}{QS}$ und den Punkt R in die Zeichnung zu B 1.1 ein.

Ermitteln Sie sodann rechnerisch den Flächeninhalt des Sektors, der von den Strecken [AQ] und [AS] sowie dem Kreisbogen $\overset{\frown}{QS}$ begrenzt wird.
[Zwischenergebnis: $\overline{AR}$ = 5,27 cm]   3 P

Aufgabe 2

Die nebenstehende Skizze zeigt ein Schrägbild der Pyramide ABCS mit der Höhe [MS], deren Grundfläche das gleichschenklige Dreieck ABC ist. M ist der Mittelpunkt der Basis [BC].

Es gilt: $\overline{AM}$ = 9 cm; $\overline{BC}$ = 12 cm; $\overline{MS}$ = 10 cm

Runden Sie im Folgenden auf zwei Stellen nach dem Komma.

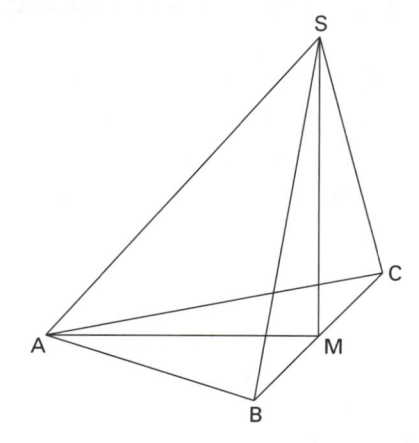

2.1 Zeichnen Sie das Schrägbild der Pyramide ABCS, wobei die Strecke [AM] auf der Schrägbildachse und der Punkt A links vom Punkt M liegen soll.

Für die Zeichnung gilt: $q = \frac{1}{2}$; $\omega = 45°$

2 P

2.2 Berechnen Sie die Länge der Strecke [AS], das Maß des Winkels MAS sowie das Volumen der Pyramide ABCS.
[Ergebnisse: $\overline{AS}$ = 13,45 cm; ∢ MAS = 48,01°; V_{ABCS} = 180 cm³]

3 P

2.3 Für den Punkt D ∈ [AS] gilt: $\overline{AD}$ = 4 cm
Zeichnen Sie die Strecke [DM] in das Schrägbild zu Aufgabe B 2.1 ein und berechnen Sie das Maß des Winkels DMA.

3 P

2.4 Für Punkte R_n auf der Strecke [MS] gilt: $\overline{SR_n}$ = x cm (x ∈ ℝ; 0 < x < 10)
Parallelen zur Strecke [BC] durch die Punkte R_n schneiden die Strecke [BS] in den Punkten P_n und die Strecke [CS] in den Punkten Q_n. Die Dreiecke P_nMQ_n sind die Grundflächen von Pyramiden P_nMQ_nD mit der Höhe [DF], wobei F ∈ [MS] gilt.
Zeichnen Sie die Pyramide P_1MQ_1D und die Höhe [DF] für x = 5 in das Schrägbild zu Aufgabe B 2.1 ein.

2 P

2.5 Zeigen Sie rechnerisch, dass für das Volumen V der Pyramiden P_nMQ_nD in Abhängigkeit von x gilt: V(x) = (-1,26x² + 12,64x) cm³
[Zwischenergebnis: $\overline{DF}$ = 6,32 cm]

4 P

2.6 Es gibt Pyramiden P_2MQ_2D und P_3MQ_3D, deren Volumen jeweils um 90 % kleiner ist als das Volumen der Pyramide ABCS.
Berechnen Sie die zugehörigen x-Werte.

3 P

Bearbeitungstipps

A 1.1 Beachten Sie die trigonometrischen Beziehungen im rechtwinkligen Dreieck. Überlegen Sie, welchen Winkel Sie zur Berechnung der Bogenlänge brauchen.

A 1.2 Das zu berechnende Flächenstück besteht aus einem Dreieck und einem Sektor.

A 2.1 Die Punkte A und B sind die Schnittpunkte der Parabel p und der Geraden g.

A 2.2 Achten Sie auf saubere und genaue Zeichnung.

A 2.3 Berechnen Sie die Länge der Strecke [PnQn] als Differenz des oberen y-Wertes und des unteren y-Wertes.

A 2.4 Ein Kreis besitzt für den größten Durchmesser den größten Umfang.

A 2.5 Ein 4-facher Durchmesser bedeutet auch einen 4-fachen Radius.

A 3 Das Volumen des Rotationskörpers erhalten Sie durch Berechnung des Volumens eines Zylinders und zweier Kegel. Diese drei Körpervolumen müssen Sie geeignet addieren bzw. subtrahieren.

B 1.1 Achten Sie auf saubere und genaue Zeichnung. Zur Berechnung verwenden Sie den Satz des Pythagoras bzw. die Tangensbeziehung.

B 1.2 Der Flächeninhalt des Vierecks lässt sich als Summe zweier Dreiecksflächen berechnen.

B 1.3 Berechnen Sie die Länge der Strecke mit dem Kosinussatz und das Winkelmaß mit dem Sinussatz.

B 1.4 Das Viereck ist ein Trapez. Die dazu benötigten Streckenlängen berechnen Sie mit dem Vierstreckensatz bzw. mit der Sinusbeziehung im rechtwinkligen Dreieck.

B 1.5 Der Punkt R ist der Endpunkt der Senkrechten von A auf [BE]. Den Radius des Sektors berechnen Sie mit der Sinusbeziehung im rechtwinkligen Dreieck ABR.

B 2.1 Achten Sie auf saubere und genaue Zeichnung.

B 2.2 Die Streckenlänge und das Winkelmaß berechnen Sie mit dem Satz des Pythagoras bzw. mit der Tangensbeziehung im rechtwinkligen Dreieck.

B 2.3 Das Winkelmaß berechnen Sie mit dem Sinussatz. Eine dazu benötigte Streckenlänge erhalten Sie mit dem Kosinussatz.

B 2.4 Achten Sie auf saubere und genaue Zeichnung.

B 2.5 Die zur Volumenberechnung benötigten Strecken berechnen Sie mit dem Vierstreckensatz.

B 2.6 Ein um 90 % kleineres Volumen bedeutet ein 10-%-Volumen der Ausgangspyramide. Die gesuchten x-Werte erhalten Sie durch Lösen einer quadratischen Gleichung.

Formelsammlung

Grundlagen

Binomische Formeln

$(a + b)^2 = a^2 + 2ab + b^2$
$(a - b)^2 = a^2 - 2ab + b^2$
$(a + b)(a - b) = a^2 - b^2$

Vorzeichenregeln beim Multiplizieren und Dividieren

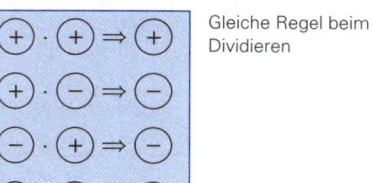

$(+) \cdot (+) \Rightarrow (+)$
$(+) \cdot (-) \Rightarrow (-)$
$(-) \cdot (+) \Rightarrow (-)$
$(-) \cdot (-) \Rightarrow (+)$

Gleiche Regel beim Dividieren

Distributivgesetz

$a \cdot (b - c + d) = a \cdot b - a \cdot c + a \cdot d$

Multiplikation von Klammern

$(a + b) \cdot (c - d) = a \cdot c - a \cdot d + b \cdot c - b \cdot d$

Dreisatz (Schlussrechnung)

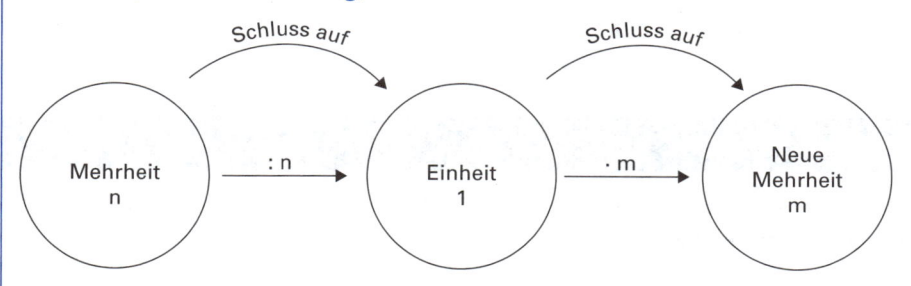

Mehrheit n — :n → Schluss auf Einheit 1 — ·m → Schluss auf Neue Mehrheit m

Der Dreisatz (Schlussrechnung) wird häufig beim Prozentrechnen angewendet.

Prozentrechnung

Prozentwert: PW
$PW = \dfrac{GW \cdot p}{100}$

Grundwert: GW
$GW = \dfrac{PW \cdot 100}{p}$

Prozentsatz: p
$p = \dfrac{PW \cdot 100}{GW}$

Zinsrechnung

Kapital: K
$K = \dfrac{Z \cdot 100}{p}$

Zinsen: Z
$Z = \dfrac{p}{100} \cdot K$

Zinssatz: p
$p = \dfrac{Z \cdot 100}{K}$

Tageszins: $Z_t = \dfrac{p}{100} \cdot K \cdot \dfrac{t}{360}$ (t ≙ Anzahl der Tage)

Gleichungen und Ungleichungen

Lineare Gleichung

$-a \cdot x + b = c$ | $-b$
$-a \cdot x = c - b$ | $: (-a)$
$x = \dfrac{c-b}{-a}$

Lineare Ungleichung

$-a \cdot x + b > c$ | $-b$
$-ax > c - b$ | $: (-a)$
$x < \dfrac{c-b}{-a}$ Inversionsgesetz

Produktgleichung

$a \cdot b = 0 \Rightarrow a = 0 \lor b = 0$

Produktungleichung

$a \cdot b > 0 \Rightarrow$
$(a > 0 \land b > 0) \lor (a < 0 \land b < 0)$

$a \cdot b < 0 \Rightarrow$
$(a > 0 \land b < 0) \lor (a < 0 \land b > 0)$

Verhältnisgleichung (Proportion)

$\dfrac{a}{b} = \dfrac{c}{d}$ oder $a : b = c : d$

„Über Kreuz multiplizieren" ← Umformungsregeln → „Produkt der Außenglieder ist gleich dem Produkt der Innenglieder"

$a \cdot d = b \cdot c$

Lineare Gleichungssysteme mit zwei Variablen

$\begin{array}{l} a_1x + b_1y = c_1 \\ \land \ a_2x + b_2y = c_2 \end{array}$ Lösung mit dem **Einsetz-, Gleichsetz-** oder **Additionsverfahren**

Lösung mit dem **Determinantenverfahren**

$x = \dfrac{D_x}{D_N}; \ y = \dfrac{D_y}{D_N}$ wobei $D_N = \begin{vmatrix} a_1 & b_1 \\ a_2 & b_2 \end{vmatrix}$ $D_x = \begin{vmatrix} c_1 & b_1 \\ c_2 & b_2 \end{vmatrix}$ $D_y = \begin{vmatrix} a_1 & b_1 \\ a_2 & c_2 \end{vmatrix}$

Berechnung einer Determinante:

$\begin{vmatrix} a_1 & b_1 \\ a_2 & b_2 \end{vmatrix} = a_1 \cdot b_2 - a_2 \cdot b_1$

Anzahl der Lösungen:
- genau eine Lösung: $D_N \neq 0$
- keine Lösung: $D_N = 0$ und $D_x \neq 0$ oder $D_y \neq 0$
- unendlich viele Lösungen: $D_N = D_x = D_y = 0$

Quadratische Gleichungen

Allgemeine Form

$ax^2 + bx + c = 0$

$x_{1/2} = \dfrac{-b \pm \sqrt{b^2 - 4ac}}{2a}$

Diskriminante $D = b^2 - 4ac$

Normalform

$\xrightarrow{:a}$ ← Lösungsformeln →

$x^2 + px + q = 0$

$x_{1/2} = -\dfrac{p}{2} \pm \sqrt{\left(\dfrac{p}{2}\right)^2 - q}$

Diskriminante $D = \left(\dfrac{p}{2}\right)^2 - q$

$D > 0 \Rightarrow$ zwei Lösungen
$D = 0 \Rightarrow$ eine Lösung
$D < 0 \Rightarrow$ keine Lösung

Potenzen und Wurzeln

$a^m \cdot a^n = a^{m+n}$
$a^m : a^n = a^{m-n}$
$a^m \cdot b^m = (a \cdot b)^m$
$\dfrac{a^m}{b^m} = \left(\dfrac{a}{b}\right)^m$
$(a^m)^n = a^{m \cdot n}$

$\sqrt{a^2} = |a|$
$m\sqrt{a} + n\sqrt{a} = (m+n)\sqrt{a}$
$\sqrt{a} \cdot \sqrt{b} = \sqrt{a \cdot b}$
$\dfrac{\sqrt{a}}{\sqrt{b}} = \sqrt{\dfrac{a}{b}}$
$(\sqrt{a})^m = \sqrt{a^m}$

$\sqrt[n]{a^n \cdot b} = |a| \cdot \sqrt[n]{b}$

$a^1 = a, \quad a^0 = 1, \quad a^{-n} = \dfrac{1}{a^n}$

$\sqrt[n]{a} = a^{\frac{1}{n}}$
$\sqrt[n]{a^m} = a^{\frac{m}{n}}$

Die lineare Funktion (Gerade)

Allgemeine Form
$ax + by + c = 0$

Normalform
$y = mx + t$

Steigung — y-Achsenabschnitt

Steigung m

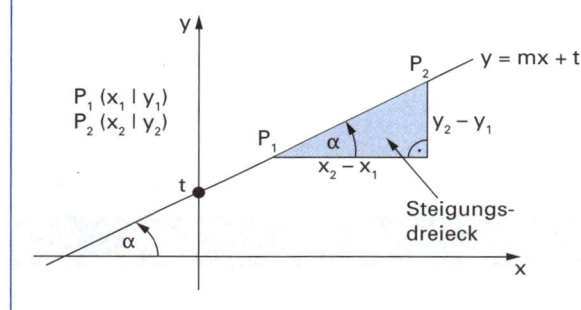

$P_1(x_1 \mid y_1)$
$P_2(x_2 \mid y_2)$

$m = \dfrac{y_2 - y_1}{x_2 - x_1}$

$m = \tan \alpha$

$\overrightarrow{P_1 P_2} = \begin{pmatrix} v_x \\ v_y \end{pmatrix} \;\Rightarrow\; m = \dfrac{v_y}{v_x}$

Parallele und senkrechte Geraden

$g_1 \parallel g_2 \;\Rightarrow\; m_1 = m_2$

$g_1 \perp g_2 \;\Rightarrow\; m_2 = -\dfrac{1}{m_1}$
oder $m_1 \cdot m_2 = -1$

Punktsteigungsform

$P(x_p \mid y_p) \in g \;\Rightarrow\; g: y = m(x - x_p) + y_p$

Die quadratische Funktion (Parabel)

$\mathbb{D} = \mathbb{R}$ $\quad \mathbb{W} = \{y | y \geq y_S\}$ für $a > 0$
$\mathbb{D} = \mathbb{R}$ $\quad \mathbb{W} = \{y | y \leq y_S\}$ für $a < 0$

Allgemeine Form $\quad\quad\quad\quad\quad$ **Normalform**

$y = ax^2 + bx + c \quad \xrightarrow{\;:a\;} \quad y = x^2 + px + q$

$\Downarrow \quad\quad\quad\quad\quad\quad\quad\quad\quad \Downarrow$

Scheitelform $\quad\quad\quad\quad\quad$ **Scheitelform**

$y = a(x - x_S)^2 + y_S \quad\quad y = (x - x_S)^2 + y_S$

$S(x_S | y_S) \Leftarrow$ Scheitelkoordinaten $\Rightarrow S(x_S | y_S)$

$x_S = -\dfrac{b}{2a} \quad y_S = c - \dfrac{b^2}{4a} \quad\quad x_S = -\dfrac{p}{2} \quad y_S = q - \left(\dfrac{p}{2}\right)^2$

$a > 0 \Rightarrow$ Parabel nach $\quad\quad\quad$ |a| > 1 „Streckung" der Normalparabel
$\quad\quad\quad\quad$ oben geöffnet $\quad\quad\quad\quad$ |a| < 1 „Stauchung" der Normalparabel

$a < 0 \Rightarrow$ Parabel nach
$\quad\quad\quad\quad$ unten geöffnet

Funktion der indirekten Proportionalität (Hyperbel)

$y = \dfrac{k}{x}$ bzw. $y = k \cdot x^{-1}$

$\mathbb{D} = \mathbb{R} \setminus \{0\} \quad \mathbb{W} = \mathbb{R} \setminus \{0\} \quad$ Asymptoten: $x = 0$, $y = 0$
$k > 0$: Der Graph verläuft im I. und III. Quadranten.
$k < 0$: Der Graph verläuft im II. und IV. Quadranten.

Exponentialfunktion

$y = k \cdot a^x, \quad a \neq 1$

$\mathbb{D} = \mathbb{R} \quad \mathbb{W} = \mathbb{R}^+ \quad$ Asymptote: $y = 0$
Alle Graphen gehen durch $P(0|1)$.
$a > 1$: $\quad\quad\quad$ Steigende Exponentialfunktion
$0 < a < 1$: Fallende Exponentialfunktion

Wachstums- und Zerfalls-/Abklingprozesse

Wachstum

$$W_n = W_0 \left(1 + \frac{p}{100}\right)^n$$

$$q = 1 + \frac{p}{100}$$

$$W_n = W_0 \cdot q^n$$

$$q > 1$$

- W_0: Anfangswert
- W_n: Wert nach n Zeiteinheiten
- n: Anzahl der Zeiteinheiten
- p: Prozentsatz
- q: Wachstumsfaktor/Zerfallsfaktor

Zerfall

$$W_n = W_0 \left(1 - \frac{p}{100}\right)^n$$

$$q = 1 - \frac{p}{100}$$

$$W_n = W_0 \cdot q^n$$

$$0 < q < 1$$

Radioaktiver Zerfall

$$N_t = N_0 \cdot 0{,}5^{\frac{t}{T}}$$

- N_0: Ausgangsmenge
- N_t: Menge nach Ablauf der Zeit t
- t: Zeit
- T: Halbwertszeit
- $\frac{t}{T}$: Anzahl der Halbwertszeiten
- 0,5: Abnahmefaktor

Kapitalwachstum (mit „Zinseszins")

$$K_n = K_0 \cdot \left(1 + \frac{p}{100}\right)^n$$

Winkel

Nebenwinkel

$$\alpha + \beta = 180°$$

Scheitelwinkel

$$\alpha = \gamma, \ \beta = \delta$$

Stufenwinkel (F-Winkel)

$g_1 \parallel g_2$

$$\alpha = \alpha' \quad \gamma = \gamma'$$
$$\beta = \beta' \quad \delta = \delta'$$

Winkel

Wechselwinkel (Z-Winkel)

$$\alpha = \gamma' \quad \gamma = \alpha'$$
$$\beta = \delta' \quad \delta = \beta'$$

Winkelsumme im Dreieck und Viereck

$$\alpha + \beta + \gamma = 180°$$

$$\alpha' = \beta + \gamma$$
$$\beta' = \alpha + \gamma$$
$$\gamma' = \alpha + \beta$$

$$\alpha' + \beta' + \gamma' = 360°$$

$$\alpha + \beta + \gamma + \delta = 360°$$

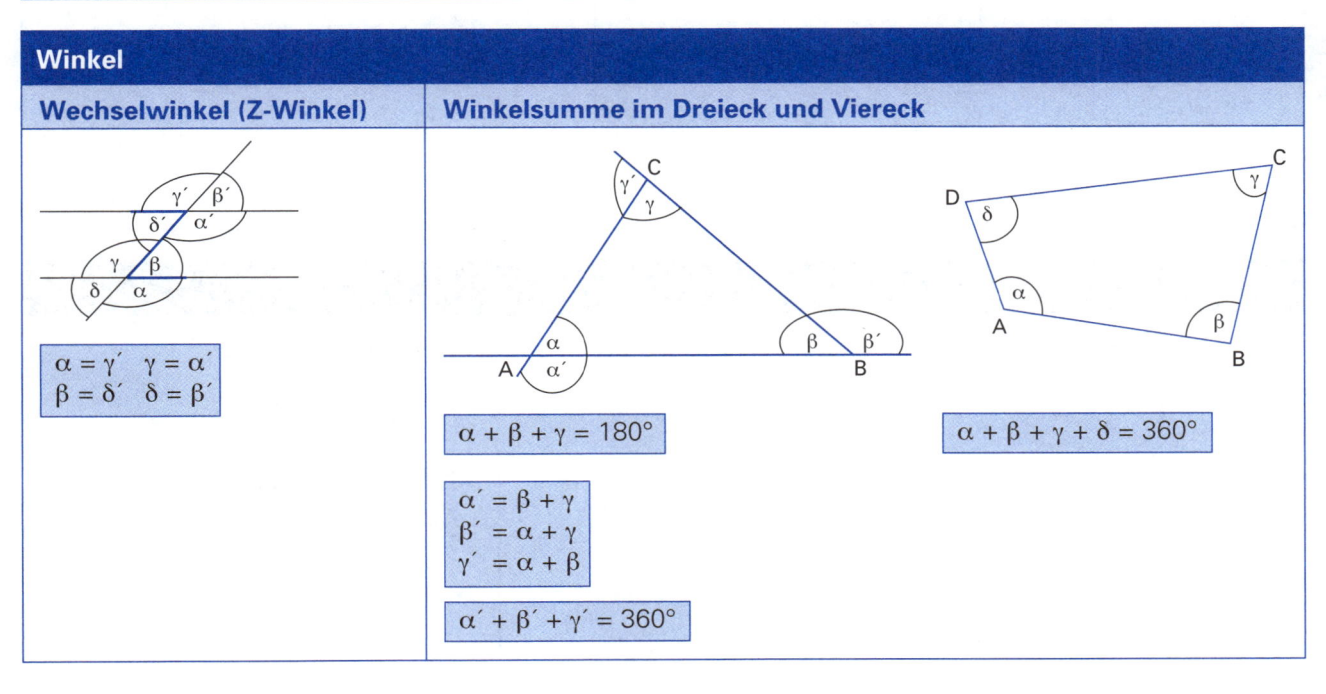

Erläuterungen für Abkürzungen

- A: Flächeninhalt
- V: Volumen
- O: Oberflächeninhalt
- M: Mantelflächeninhalt
- M: Kreismittelpunkt
- e, f: Länge der Flächendiagonalen
- d: Länge der Raumdiagonale
- s: Länge der Mantellinie
- G: Grundfläche
- h: Höhe
- r: Radius
- u: Umfang

Berechnungen an Dreiecken und Vierecken

Dreieck

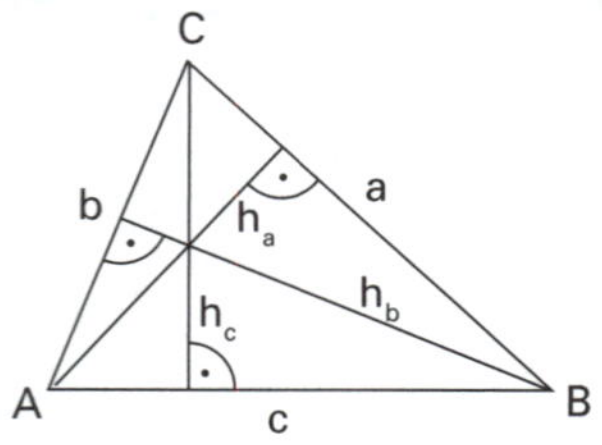

$A = \frac{1}{2} a \cdot h_a = \frac{1}{2} b \cdot h_b$
$= \frac{1}{2} c \cdot h_c$

Gleichseitiges Dreieck

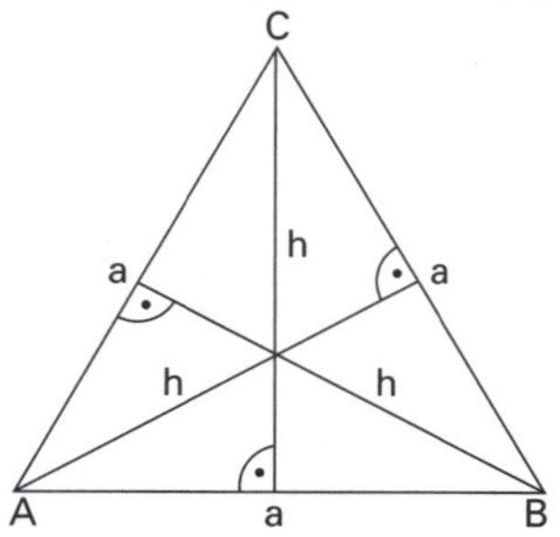

$h = \frac{a}{2}\sqrt{3}$
$A = \frac{a^2}{4}\sqrt{3}$

Quadrat

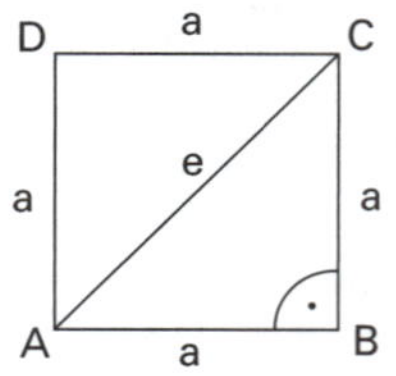

$A = a^2 \quad A = \frac{1}{2} e^2$
$e = a\sqrt{2}$

Rechteck

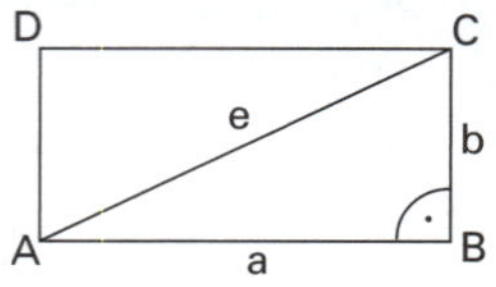

$A = a \cdot b$
$e = \sqrt{a^2 + b^2}$

Parallelogramm

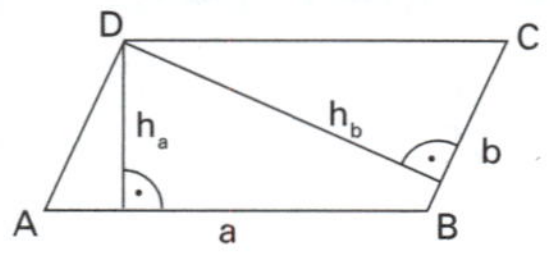

$A = a \cdot h_a = b \cdot h_b$

Raute

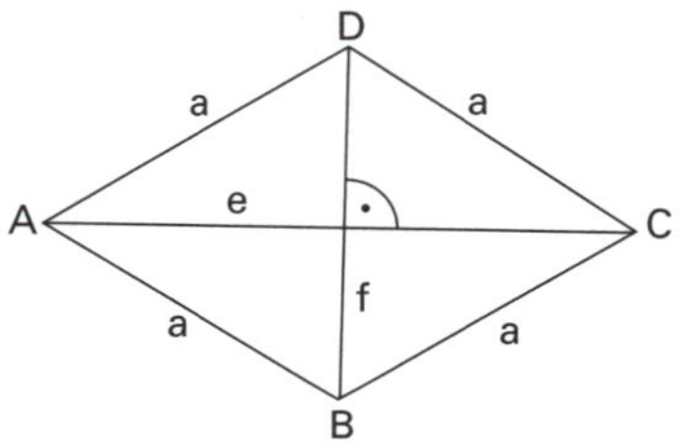

$A = \frac{1}{2} e \cdot f$

Drachen

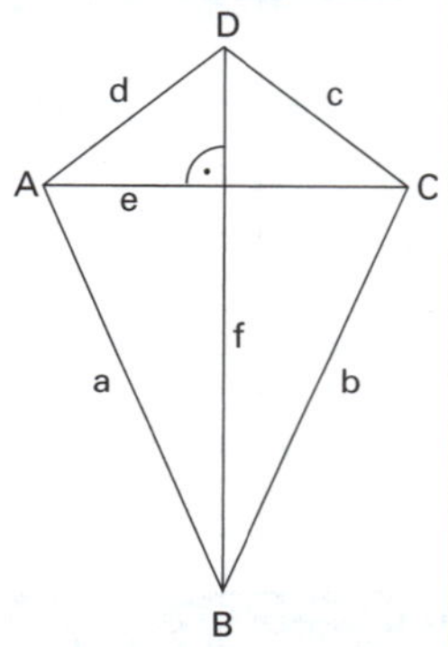

$A = \frac{1}{2} e \cdot f$

Trapez

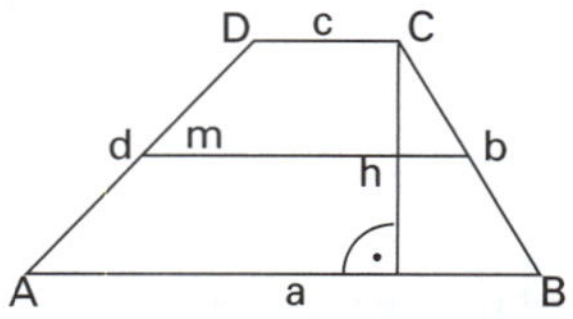

$m = \frac{a + c}{2}$

a ∥ c

$A = \frac{a + c}{2} \cdot h = m \cdot h$

Vierstreckensatz

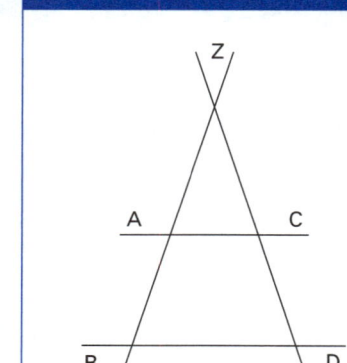

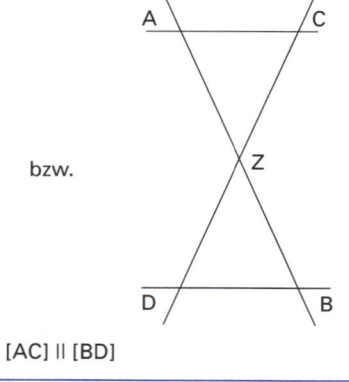

[AC] ∥ [BD]

1. Vierstreckensatz

$\overline{ZA} : \overline{ZB} = \overline{ZC} : \overline{ZD}$
$\overline{ZA} : \overline{AB} = \overline{ZC} : \overline{CD}$

2. Vierstreckensatz

$\overline{ZA} : \overline{ZB} = \overline{AC} : \overline{BD}$
$\overline{ZC} : \overline{ZD} = \overline{AC} : \overline{BD}$

Zentrische Streckung

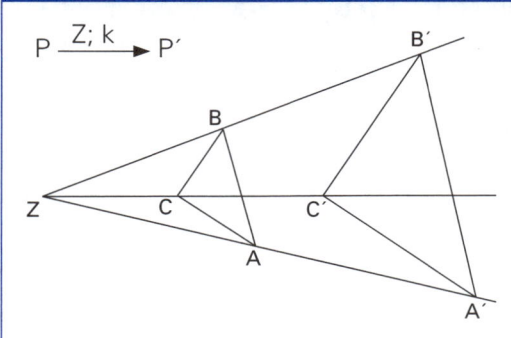

$P \xrightarrow{Z; k} P'$

Streckungszentrum Z, Urpunkt P und Bildpunkt P' liegen stets auf einer Geraden.

Berechnungen:

$\overline{ZP'} = k \cdot \overline{ZP}$

$\dfrac{\overline{ZP'}}{\overline{ZP}} = k$

$\overline{A'B'} = k \cdot \overline{AB}$
$\overline{B'C'} = k \cdot \overline{BC}$
$\overline{A'C'} = k \cdot \overline{AC}$

$\triangle ABC \xrightarrow{Z; k} \triangle A'B'C'$

$[A'B'] \parallel [AB]$
$[B'C'] \parallel [BC]$
$[A'C'] \parallel [AC]$

$\triangle ABC \sim \triangle A'B'C'$

$A_{\triangle A'B'C'} = k^2 \cdot A_{\triangle ABC}$

Flächensätze am rechtwinkligen Dreieck

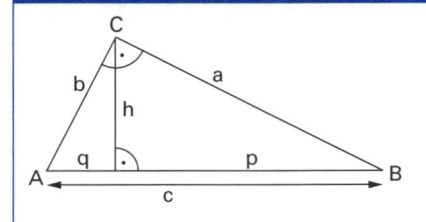

$A = \dfrac{1}{2} c \cdot h$ $A = \dfrac{1}{2} a \cdot b$

$a^2 + b^2 = c^2$ Satz des Pythagoras

$h^2 = p \cdot q$ Höhensatz des Euklid

$a^2 = c \cdot p$
$b^2 = c \cdot q$ Kathetensatz des Euklid

Berechnungen am Kreis

Kreis

$A = r^2 \cdot \pi$
$u = 2 \cdot r \cdot \pi$

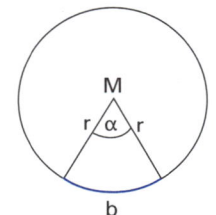

Bogenlänge

$b = 2r\pi \cdot \dfrac{\alpha}{360°}$

Kreissektor

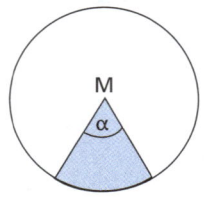

$A_{Sektor} = r^2\pi \cdot \dfrac{\alpha}{360°}$

Kreissegment

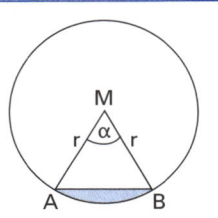

$A_{Segment} = A_{Sektor\ ABM} - A_{\triangle ABM}$

$A_{Segment} = r^2\pi \cdot \dfrac{\alpha}{360°} - \dfrac{1}{2}r^2 \cdot \sin \alpha$

Kreisring

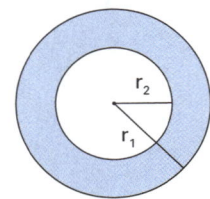

$A = r_1^2\pi - r_2^2\pi$
$A = (r_1^2 - r_2^2) \cdot \pi$

Berechnungen an Körpern

Würfel

$O = 6 \cdot a^2$
$V = a^3$
$d = a\sqrt{3}$

Quader

$O = 2 \cdot (ab + ac + bc)$
$V = a \cdot b \cdot c$
$d = \sqrt{a^2 + b^2 + c^2}$

Zylinder

$O = 2 \cdot G + M$
$O = 2r\pi (r + h)$
$M = 2r\pi h$
$V = r^2 \pi h$

Prisma (allgemein)

$O = 2 \cdot G + M$
$M = (a_1 + \ldots + a_n) \cdot h$
$V = G \cdot h$

Pyramide

$O = G + M$
$V = \frac{1}{3} G \cdot h$

Kegel

$O = r\pi (r + s)$
$s = \sqrt{r^2 + h^2}$
$M = r\pi s$
$V = \frac{1}{3} r^2 \pi \cdot h$

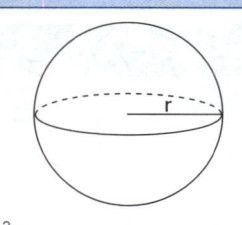

Kugel

$O = 4r^2 \pi$
$V = \frac{4}{3} r^3 \pi$

Berechnungen im Koordinatensystem

Vektoren

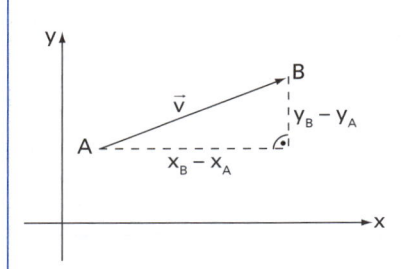

$$\vec{v} = \overrightarrow{AB} = \begin{pmatrix} x_B - x_A \\ y_B - y_A \end{pmatrix}$$

„Spitze minus Fuß"

Betrag eines Vektors – Länge einer Strecke

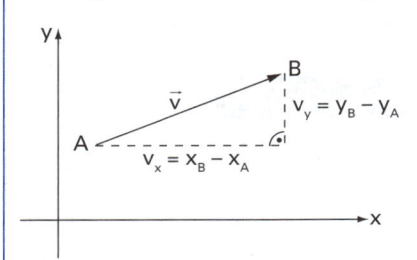

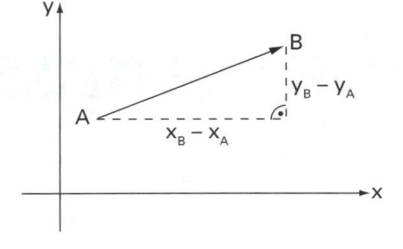

$$\vec{v} = \begin{pmatrix} v_x \\ v_y \end{pmatrix} \Rightarrow |\vec{v}| = \sqrt{v_x^2 + v_y^2}$$

$$\overline{AB} = \sqrt{(x_B - x_A)^2 + (y_B - y_A)^2}$$

Mittelpunkt einer Strecke

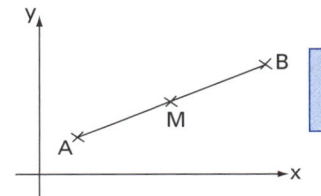

$$M\left(\frac{x_A + x_B}{2} \bigg| \frac{y_A + y_B}{2}\right)$$

Schwerpunkt eines Dreiecks

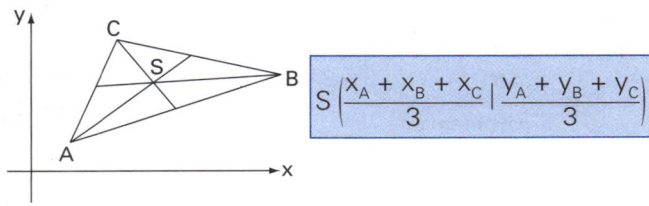

$$S\left(\frac{x_A + x_B + x_C}{3} \bigg| \frac{y_A + y_B + y_C}{3}\right)$$

Flächeninhalte

Parallelogramm

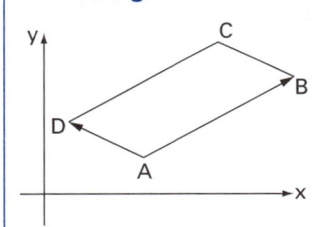

$$A = |\overrightarrow{AB}\ \overrightarrow{AD}| \quad \text{oder} \quad A = |\overrightarrow{AB}\ \overrightarrow{AC}|$$

Dreieck

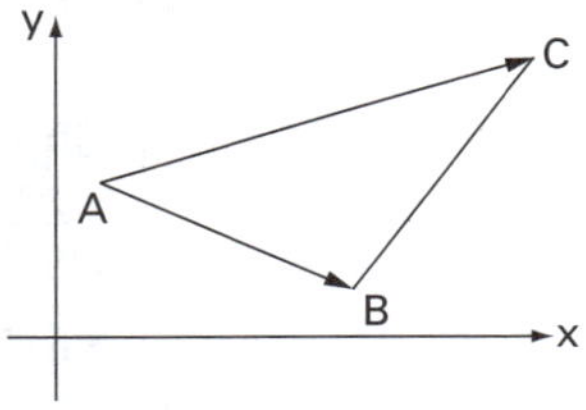

$$A = \frac{1}{2} |\overrightarrow{AB}\ \overrightarrow{AC}|$$

Beachten Sie bei den Vektoren:
- Gleicher Anfangspunkt (Fußpunkt)
- Anordnung: gegen den Uhrzeiger

Zentrische Streckung

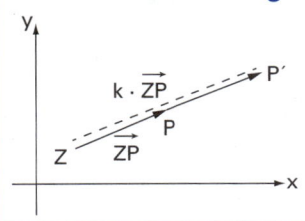

$$\overrightarrow{ZP'} = k \cdot \overrightarrow{ZP}$$

$$\begin{pmatrix} x' - x_Z \\ y' - y_Z \end{pmatrix} = k \begin{pmatrix} x - x_Z \\ y - y_Z \end{pmatrix}$$

Trigonometrie

Vorzeichenregeln

	Quadrant			
	I	II	III	IV
sin φ	+	+	−	−
cos φ	+	−	−	+
tan φ	+	−	+	−

Wichtige Beziehungen

$$\tan \varphi = \frac{\sin \varphi}{\cos \varphi} \quad \sin^2 \varphi + \cos^2 \varphi = 1$$

$$\cos \varphi = \sin(90° - \varphi)$$
$$\sin \varphi = \cos(90° - \varphi)$$

Negative Winkelmaße

$\sin(-\varphi) = -\sin \varphi \quad \cos(-\varphi) = \cos \varphi \quad \tan(-\varphi) = -\tan \varphi$

Rückführung auf spitze Winkel

I. Quadrant	II. Quadrant	III. Quadrant	IV. Quadrant
sin φ	sin(180° − φ) = sin φ	sin(180° + φ) = −sin φ	sin(360° − φ) = −sin φ
cos φ	cos(180° − φ) = −cos φ	cos(180° + φ) = −cos φ	cos(360° − φ) = cos φ
tan φ	tan(180° − φ) = −tan φ	tan(180° + φ) = tan φ	tan(360° − φ) = −tan φ
φ	180° − φ	180° + φ	360° − φ

Berechnungen am rechtwinkligen Dreieck

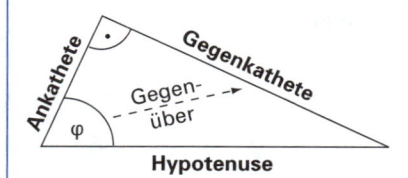

$$\sin \varphi = \frac{\text{Gegenkathete}}{\text{Hypotenuse}}$$

$$\cos \varphi = \frac{\text{Ankathete}}{\text{Hypotenuse}}$$

$$\tan \varphi = \frac{\text{Gegenkathete}}{\text{Ankathete}}$$

Berechnungen am beliebigen Dreieck

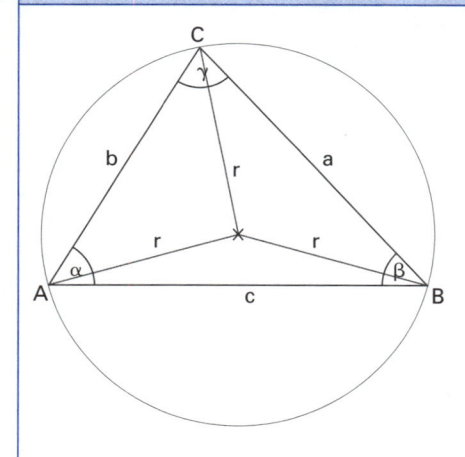

Sinussatz

$$\frac{a}{\sin \alpha} = \frac{b}{\sin \beta} = \frac{c}{\sin \gamma} = 2r$$

Kosinussatz

$a^2 = b^2 + c^2 - 2bc \cdot \cos \alpha$
$b^2 = a^2 + c^2 - 2ac \cdot \cos \beta$
$c^2 = a^2 + b^2 - 2ab \cdot \cos \gamma$

Flächeninhalt

$A = \frac{1}{2} ab \cdot \sin \gamma$

$A = \frac{1}{2} ac \cdot \sin \beta$

$A = \frac{1}{2} bc \cdot \sin \alpha$

Die trigonometrischen Funktionen

y = sin α

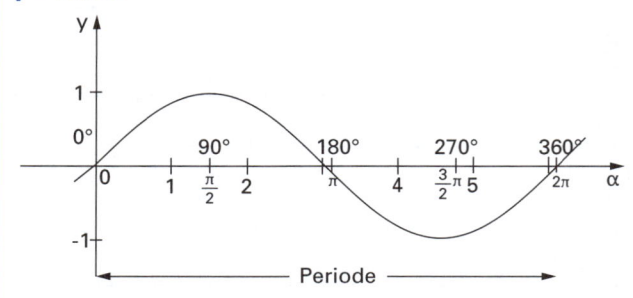

$\mathbb{D} = \mathbb{R}$

$\mathbb{W} = [1; 1]$

Punktsymmetrisch zum Ursprung. Periode: 360°

y = cos α

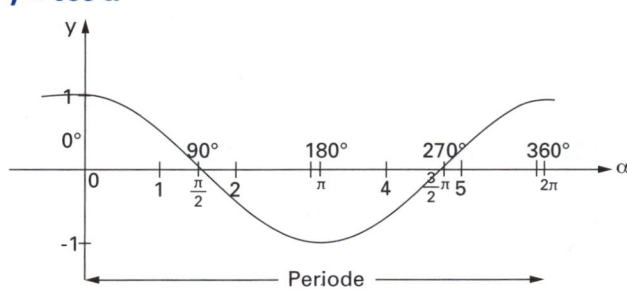

$\mathbb{D} = \mathbb{R}$

$\mathbb{W} = [-1; 1]$

Achsensymmetrisch zur y-Achse. Periode: 360°

y = tan α

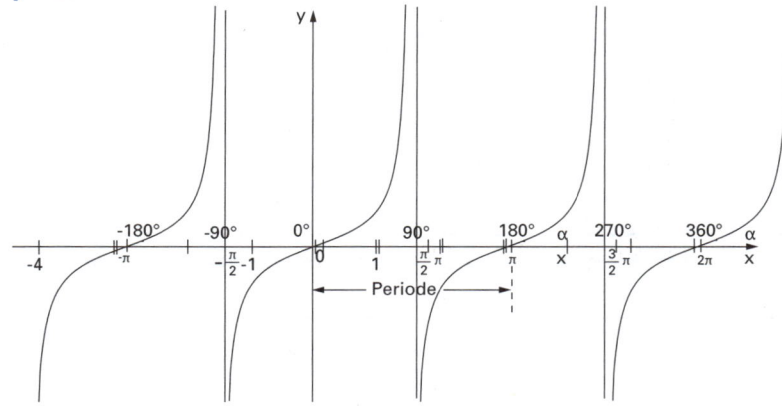

$\mathbb{D} = \mathbb{R} \setminus \{\alpha \mid \alpha \neq 90° + k \cdot 180°\} \mathbb{R}$

$\mathbb{W} = \mathbb{R}$

Punktsymmetrisch zum Ursprung. Periode: 360°
Asymptoten: $\alpha = 90° + k \cdot 180°$

Beschreibende Statistik	
Datenmenge:	$\{x_1; x_2; ...; x_n\}$
Absolute Häufigkeit:	Anzahl, wie oft ein bestimmter Wert auftritt
Relative Häufigkeit:	$\dfrac{\text{Absolute Häufigkeit}}{\text{Gesamtzahl aller Werte}}$
Rangliste:	Liste mit geordneten Daten
Modalwert m:	Wert, der am häufigsten vorkommt
Arithmetischer Mittelwert $\bar{x}$:	$\dfrac{\text{Summe der Einzelwerte}}{\text{Anzahl der Einzelwerte}}$ $\bar{x} = \dfrac{x_1 + x_2 + ... + x_n}{n}$

Zentralwert (Median) z:	ungerade Anzahl	gerade Anzahl
	von Daten einer Rangliste	
	Wert, der in der Mitte steht	arithmetisches Mittel aus den beiden in der Mitte stehenden Werten

Maximalwert und Minimalwert:	größter Wert x_{max} bzw. kleinster Wert x_{min}
Spannweite:	Bereich, in dem die Ergebnisse liegen (Differenz zwischen dem größten und kleinsten Wert)
Boxplot:	In einem Kastenschaubild werden wesentliche statistische Kenngrößen einer Häufigkeitsverteilung veranschaulicht: Minimalwert, Maximalwert, Zentralwert, unterer und oberer Viertelwert. *Boxplot-Diagramm mit Antenne, Box, Min, Q_1 (erstes Quartil), Z (Zentralwert/Median), Q_3 (drittes Quartil), Max*
Unterer Viertelwert Q_1: (erstes Quartil)	Dieser Wert halbiert die untere Hälfte der geordneten Datenmenge.
Oberer Viertelwert Q_3: (drittes Quartil)	Dieser Wert halbiert die obere Hälfte der geordneten Datenmenge.
Box:	In diesem Kasten liegen die mittleren 50% der Daten.
Antennen:	In diesen Bereichen liegen die unteren bzw. oberen 25% der Daten.

Wahrscheinlichkeit	
Ergebnis:	möglicher Ausgang eines Zufallsexperiments
Ergebnismenge, Ergebnisraum Ω:	Menge aller möglichen Ergebnisse eines Zufallsexperiments
Ereignis E:	beliebige Teilmenge der Ergebnismenge
	Ergebnisse, die eine bestimmte Eigenschaft erfüllen, nennt man Ereignisse
Gegenereignis $\overline{E}$:	Das Gegenereignis tritt ein, wenn das Ereignis nicht eintritt Es gilt stets: $P(\overline{E}) = 1 - P(E)$
Wahrscheinlichkeit P(E): (Laplace-Experiment)	Haben bei einem Zufallsexperiment alle Ergebnisse die gleiche Wahrscheinlichkeit, dann gilt: $P(E) = \dfrac{\text{Anzahl der für E günstigen Ergebnisse}}{\text{Anzahl der möglichen Ergebnisse}}$ Es gilt stets: $0 \leq P(E) \leq 1$

Mehrstufiges Zufallsexperiment

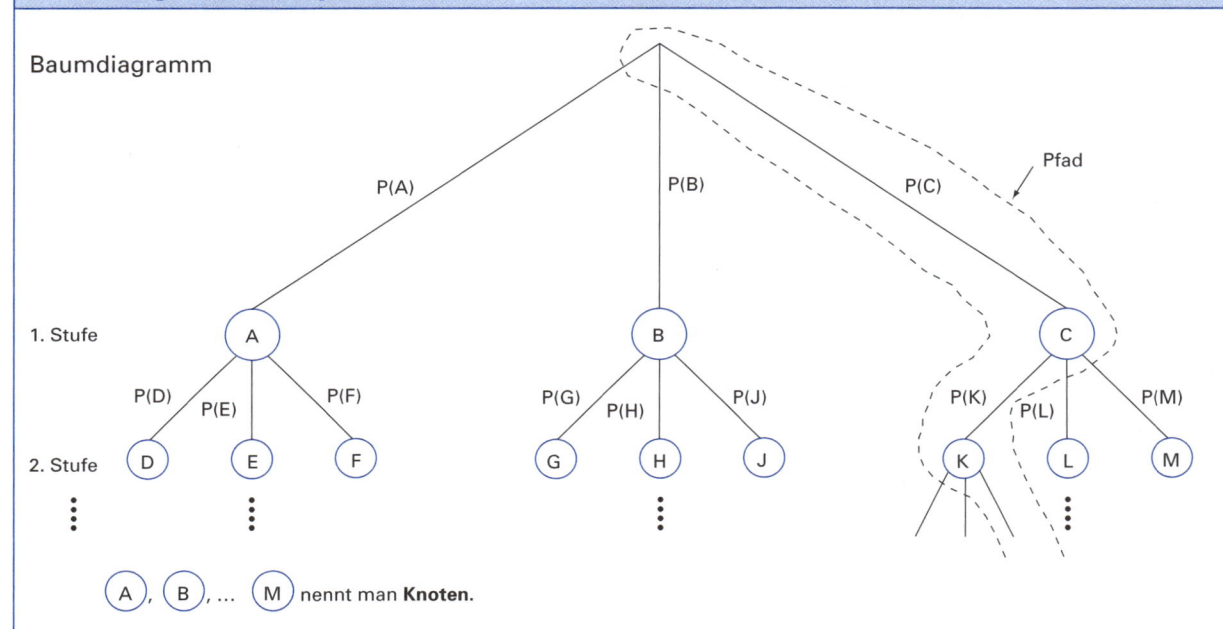

Baumdiagramm

1. Stufe: A, B, C mit P(A), P(B), P(C) — Pfad
2. Stufe: unter A: D, E, F mit P(D), P(E), P(F); unter B: G, H, J mit P(G), P(H), P(J); unter C: K, L, M mit P(K), P(L), P(M)

Ⓐ, Ⓑ, ... Ⓜ nennt man **Knoten**.

Knotenregel:	Die Summe der Wahrscheinlichkeiten aller Zweige, die von einem Knoten ausgehen, hat stets den Wert 1. Beispiel: $P(G) + P(H) + P(J) = 1$
1. Pfadregel: (Produktregel)	Die Wahrscheinlichkeit eines Ergebnisses ist das Produkt der Wahrscheinlichkeiten entlang eines Pfades. Beispiel: $P(CK) = P(C) \cdot P(K)$
2. Pfadregel: (Summenregel)	Die Wahrscheinlichkeit eines Ereignisses ist die Summe der Ergebnisse der Pfade, die zu diesem Ereignis führen. Beispiel: $P(AF, BG, CK) = P(AF) + P(BG) + P(CK)$

Notizen

Schule – und dann?

Tipps und Infos zum Start in den Beruf

▲ **Bewerbungsunterlagen**

▲ **Anschreiben**

▲ **Lebenslauf**

▲ **Einstellungstests + Lösungen**

▲ **Assessment-Center**

▲ **Online-Tipps**

▲ **Bildungswege**

Bewerbungsunterlagen

Die meisten Firmen bevorzugen inzwischen eine Onlinebewerbung. Große Unternehmen bieten oft eigene Bewerbungsportale auf ihren Firmenwebsites, auf denen Bewerber/-innen ein Onlineformular ausfüllen und ihre Unterlagen wie Lebenslauf, Zeugnisse oder Bewerbungsfoto hochladen können. Bei der zweiten Möglichkeit verschickt der/die Bewerber/-in seine/ihre Bewerbung per E-Mail mit entsprechendem Anhang. Dabei empfiehlt es sich, die oben genannten Unterlagen in ein einziges Dokument zu packen, damit der/die Personalzuständige nicht lange suchen und nur eine Datei öffnen muss.

Allerdings ist bei einer Onlinebewerbung auf eine seriöse E-Mail-Adresse, die Qualität eingescannter Dokumente, das richtige Format (meist PDF) und die Dateigröße (max. 2 – 3 MB) zu achten.

Für die Onlinebewerbung gelten die gleichen Maßstäbe wie für die klassische Bewerbungsmappe. Insbesondere das Anschreiben sollte die herkömmlichen Kriterien erfüllen: persönliche Anrede, direktes Eingehen auf den ausgeschriebenen Ausbildungsplatz, korrekte Rechtschreibung und Zeichensetzung etc. Das Anschreiben kann Teil der E-Mail selbst sein oder im Anhang verschickt werden. Dann sollte aber zumindest eine Kurzversion im Textfenster der E-Mail enthalten sein.

Die folgende Liste gibt Ihnen einen wichtigen Überblick über die Unterlagen, die Ihre Bewerbung enthalten sollte:

Deckblatt
▶ Bewerbung von (Name) für (Ausbildungsplatz/Stelle)

Bewerbungsfoto
▶ professionelles Bewerbungsfoto (bei Papierfoto: auf Rückseite Name und Adresse)
▶ Standard: Foto oben rechts im Lebenslauf

Anschreiben
▶ persönliche Kontaktdaten im Briefkopf aktuell und richtig
▶ Name und Adresse des Ansprechpartners richtig schreiben
▶ korrekte Betreffzeile
▶ Grund für Bewerbung angeben
▶ Bezug zwischen Anforderungen und eigenen Fähigkeiten formulieren
▶ nicht länger als eine DIN-A4-Seite
▶ fehlerfreie Rechtschreibung und Zeichensetzung

Lebenslauf
▶ persönliche Angaben (Name, Anschrift, Telefonnummer, Geburtsdatum, Staatsangehörigkeit)
▶ Schulbildung (besuchte Schultypen) und voraussichtlicher Schulabschluss
▶ Berufserfahrung: Praktika etc.
▶ außerschulisches Engagement (z. B. Ehrenamt)
▶ besondere Kenntnisse
▶ nicht länger als zwei DIN-A4-Seiten
▶ lückenlos, korrekte Zeitangaben
▶ Unterschrift

Anlagen
▶ Kopien von Zeugnissen, Referenzen, Zertifikaten

Auf den nächsten Seiten finden Sie Beispiele für ein Anschreiben sowie für einen Lebenslauf.

Anschreiben

Bevor Sie sich bei einer Firma bewerben, sollten Sie sich auf jeden Fall bei der dortigen Personalabteilung nach dem Namen der zuständigen Person erkundigen. Das Anschreiben sollte, so weit möglich, immer eine personalisierte Anrede enthalten. Es macht auch einen guten Eindruck, wenn Sie sich vorher schon einmal über das Berufsbild informiert haben und darstellen können, warum Sie sich gerade für diesen Beruf eignen. Außerdem ist es wichtig, dass Sie sich über das Unternehmen informieren, bei dem Sie sich bewerben. Vermeiden Sie Schreib- und Kommafehler und vergessen Sie Ihre Unterschrift nicht.

Beispiel für ein Anschreiben

Marc Schmidt
Bahnhofstraße 158
35889 Krielinghausen
Telefon 06456 445932
E-Mail marc.schmidt@mail.de

Bäckerei Herrlinger
Herrn Fritz Herrlinger
Backgasse 15
33886 Wieshain

Krielinghausen, 15. Oktober 2021

Bewerbung um einen Ausbildungsplatz zum Bäcker

Sehr geehrter Herr Herrlinger,

durch Ihre Mitarbeiterin, Frau Fischer, habe ich erfahren, dass Sie ab dem 1. September 2022 einen Ausbildungsplatz zum Bäcker anbieten. Dafür möchte ich mich bei Ihnen bewerben.

Der Beruf des Bäckers ist bereits seit Langem mein Traumberuf. Die handwerkliche Arbeit in einer Backstube und der Umgang mit Lebensmitteln haben mich schon immer interessiert. Als Kind habe ich mit meiner Mutter oft Kuchen und Plätzchen gebacken, inzwischen backe ich alleine und probiere auch gerne neue Rezepte aus. In einem örtlichen Gasthof habe ich bereits erste Erfahrungen gesammelt.

Im Juni beende ich die Schule mit dem Hauptschulabschluss. Danach würde ich gerne bei Ihnen ein Praktikum machen, damit Sie mich vorab besser kennenlernen können.

Über die Einladung zu einem Vorstellungsgespräch freue ich mich.

Mit freundlichen Grüßen

Marc Schmidt

Anlagen: Lebenslauf mit Foto, Zertifikat Praktikum, Schulzeugnis

Lebenslauf

Ein in Aufsatzform formulierter Lebenslauf ist nicht mehr üblich. Arbeitgeber erwarten einen Lebenslauf in Tabellenform – und zwar:

- chronologisch – die in Deutschland üblichere, traditionelle Variante
- umgekehrt chronologisch (neueste Daten am Anfang) – die moderne internationale / EU-Variante

Beispiel für einen chronologischen Lebenslauf

Lebenslauf
Marc Schmidt

Bahnhofstraße 158
35889 Krielinghausen
Telefon 06456 445932
E-Mail marc.schmidt@mail.de

Persönliche Daten

Geburtstag und -ort	23. April 2007 in Krielinghausen
Staatsangehörigkeit	deutsch

Schulischer Werdegang

09/2013 bis 07/2017	Grundschule Krielinghausen
09/2017 bis 06/2022	Gesamtschule Krielinghausen
	• voraussichtlicher Schulabschluss: Hauptschulabschluss
	• Lieblingsfächer: Mathematik, Werken
	Teilnahme an der Koch-AG

Betriebspraktikum

02/2021 bis 03/2021	Frischmarkt AG, Winterhain
	Dreiwöchiges Schülerpraktikum
	• Einräumen der angelieferten Waren
	• Mitarbeit an der Kasse
	• Mitarbeit an der Brottheke

Aushilfstätigkeiten

08/2021 bis 09/2021	Gasthof „Sonne", Krielinghausen
	Vierwöchiger Ferienjob
	• Tätigkeit als Küchenhilfe
	• Mitarbeit im Service

Hobbys

	Backen, Kochen, Musik
Seit 10/2017	Mitglied im Musikverein (Posaune)

M. Schmidt

Krielinghausen, 15. Oktober 2021

Einstellungstests

Viele Schüler/-innen kennen die Angst vor Prüfungen. In der Schule hat man wenigstens den Vorteil, dass man ungefähr weiß, was drankommen kann. Berufseinstellungstests sind den meisten jedoch fremd und der Druck, sich gegen andere Bewerber/-innen durchzusetzen, verstärkt die Prüfungsangst meist noch.

Wir wollen Sie auf diese Situation vorbereiten und Ihnen die Angst vor dem Unbekannten nehmen. Dafür haben wir auf den nächsten Seiten einige Musteraufgaben zusammengestellt, wie sie in solchen Tests vorkommen können.

Es geht den Prüfer/-innen nicht nur darum, dass Sie alle Aufgaben korrekt lösen, sondern auch darum, wie Sie sich in einer solchen Situation verhalten und wo Ihre Stärken liegen.

Die Lösungen zu den Tests finden Sie auf Seite A14.

1. Logisches Denken

Zahlenreihen

Welche Zahl ergänzt die Zahlenreihe sinnvoll?

1. 2   6   12   20   30   ?

2. 16   23   28   38   49   62   ?

TIPP
Notieren Sie den Rechenschritt zur jeweils nächsten Zahl, dann kommen Sie meist schnell auf die Lösung.

Wortanalogien

1. **Mehl** verhält sich zu **Kuchen** wie **Zement** zu …?

    a) Bäcker b) Maurer
    c) Haus   d) Hefe

2. **Schnecke** verhält sich zu **Ohr** wie **Knöchel** zu …?

    a) Oberschenkel b) Fuß
    c) Gartenhaus   d) Pflanze

TIPP
Untersuchen Sie das vorgegebene Wortpaar und suchen Sie die bestehende Beziehung zwischen den Wörtern.

Beziehungen

1. Morgen ist Mittwoch. Welcher Tag war vorgestern?

    a) Montag   b) Dienstag   c) Mittwoch   d) Donnerstag
    e) Freitag   f) Samstag   g) Sonntag

2. Es ist die Tochter deiner Großmutter, aber nicht deine Tante. Wer ist es?

    a) Großmutter b) Nichte   c) Cousine   d) Tochter
    e) Mutter   f) Schwester   g) Tante

Grafikanalogien

Bestimmen Sie aus den vier möglichen Grafiken diejenige, die die Bildgleichung sinnvoll ergänzt.

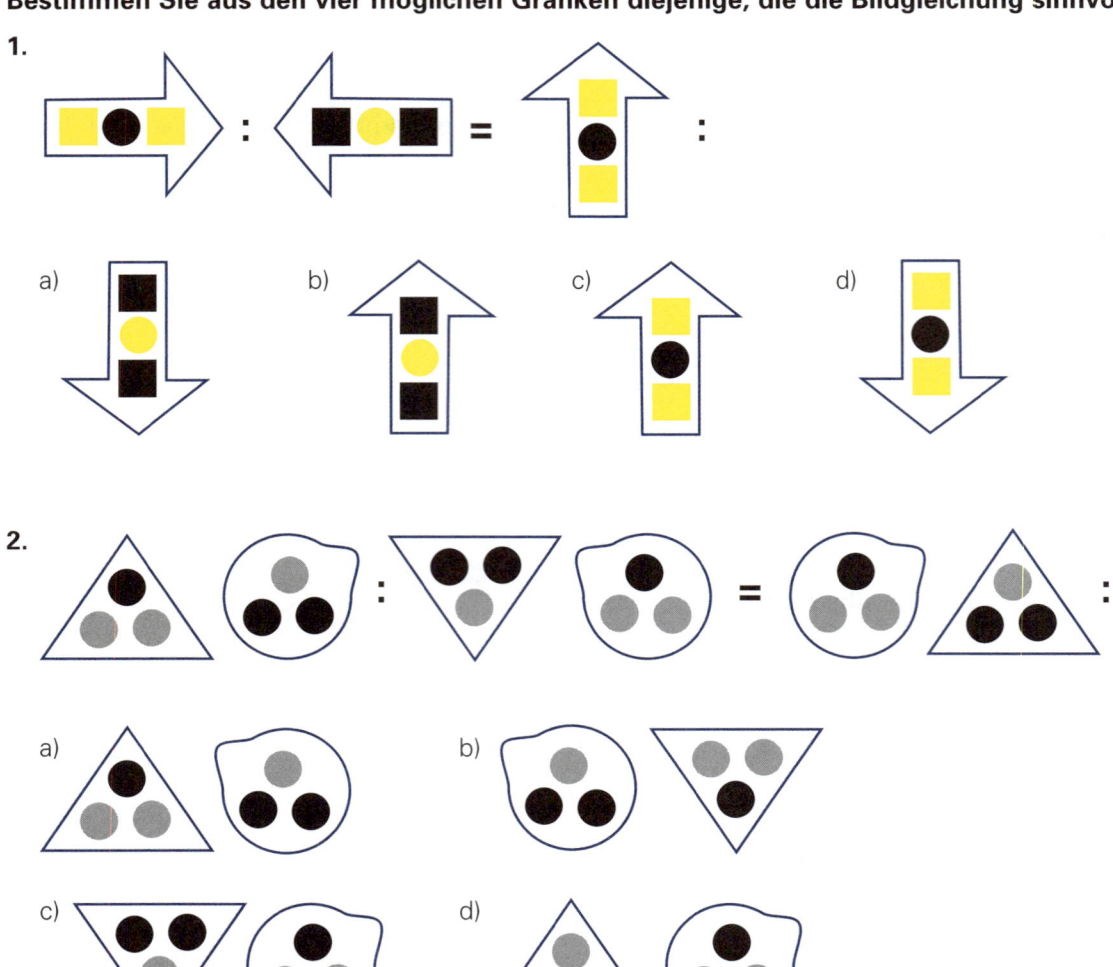

1.

2.

2. Konzentration

Die alphabetische Reihenfolge

Erkennen Sie die korrekten alphabetischen Buchstabenabfolgen von 3 – 5 Buchstaben und unterstreichen Sie diese.

1. dhabanejdhenahjbekjabcdfgejndnansmjodnbdjwxyzjbdnrnmalmüppkdknshdkjklndhadnenduenduendopqrhzfunrucmchdtebnsmnaüskendhabezefghnmkelodhbezshynmnbabsebdnmeidjnantzbszxtgbsnxhzsstuvwb

2. hnsndnadhendnsjuvwxhdndnbdnmejdkalehijkdnmadnsomemaödefgnbdbanskjneksoxnaknbsjxonbshzebaisbelmanslmnopzehbaisjbajsnenakmslxpklmhjdamsidjendhijdnsmalsneisxnmamsrstudbansmensuaylxvn

Kopfrechnen

Geben Sie das Ergebnis folgender Rechnung an. Rechnen Sie Schritt für Schritt, die Rechenregel „Punkt vor Strich" gilt hier nicht.

1. $6 + 6 - 3 + 7 - 5 \cdot 2 + 8 - 20 \cdot 2 + 7 =$

2. $81 : 9 + 7 + 5 + 3 : 2 + 13 \cdot 2 - 20 : 2 - 15 + 7 \cdot 2 - 6 \cdot 3 =$

Mosaik

1. In welchem Feld ist ein Mosaikbaustein falsch? Geben Sie an, ob A, B, C oder D richtig ist.

   1   2   3

   TIPP
   Kreuzen Sie im Zweifelsfall die Antwort an, die Ihnen richtig erscheint.

2. In welchem Feld ist ein Mosaikbaustein falsch? Geben Sie an, ob A, B, C, D oder E richtig ist.

   1   2   3   4   5   6   7

Additions-/Subtraktionsaufgaben

Rechnen Sie zuerst die obere und dann die untere Zeile aus. Ist das zweite Ergebnis kleiner als das erste, ziehen Sie es vom ersten ab und schreiben diese Differenz auf. Ist das Ergebnis der zweiten Zeile größer, müssen Sie beide Ergebnisse addieren.

1. 2 + 4 − 5
   5 + 4 + 4

2. 7 + 8 − 3
   4 + 5 − 2

3. 4 + 4 − 3
   7 + 6 + 4

4. 4 + 5 + 4
   9 − 8 + 7

5. 8 − 4 − 1
   3 + 4 + 6

6. 3 + 8 − 3
   4 + 3 + 2

7. 4 + 9 − 7
   5 + 6 − 3

8. 9 − 2 + 7
   3 + 2 + 4

9. 7 + 3 − 4
   4 + 7 − 3

TIPP
Rechnen Sie jede Reihe für sich und schreiben Sie das Ergebnis auf. So verlieren Sie nicht die Übersicht.

Schule – und dann?

A7

3. Allgemeinwissen

1. **Wie viel Liter Blut fließen durchschnittlich durch den menschlichen Körper?**

   a) 5 bis 6 Liter
   b) 12 bis 14 Liter
   c) 8 bis 10 Liter
   d) 3 bis 4 Liter

2. **Wie lautet das chemische Gegenstück zur Säure?**

   a) Salz
   b) Oxid
   c) Zucker
   d) Base

3. **Welche Einheit bezeichnet elektrischen Strom?**

   a) Hertz
   b) Ampere
   c) Watt
   d) Pascal

4. **Wie viele Seitenflächen hat ein Tetraeder?**

   a) 4
   b) 6
   c) 8
   d) gar keine, es ist eine Kugel

5. **Wie nennt man in der Informatik die kleinste Informationseinheit?**

   a) Chip
   b) Unix
   c) Link
   d) Bit

6. **Welches Wirtschaftssystem hat Deutschland?**

   a) Zentrale Marktwirtschaft
   b) Soziale Marktwirtschaft
   c) Kapitalistische Marktwirtschaft
   d) Sozialistische Marktwirtschaft

7. **An wie viele Länder grenzt Deutschland?**

   a) 6
   b) 7
   c) 8
   d) 9

8. **Wessen Interessen werden in der Kommunalpolitik vertreten?**

   a) Bundesländer
   b) Bund
   c) Landkreis und Gemeinde
   d) Europäische Gemeinschaft

9. **Wer war der erste Bundeskanzler der Bundesrepublik Deutschland?**

   a) Gerhard Schröder
   b) Konrad Adenauer
   c) Helmut Kohl
   d) Ludwig Erhard

10. **Unter welchem Namen schrieb der erste römische Kaiser Octavian Geschichte?**

    a) Caesar
    b) Augustus
    c) Romulus
    d) Herkules

11. **In welchem Drama Goethes wird die „Gretchenfrage" gestellt?**

    a) Götz von Berlichingen
    b) Faust I
    c) Torquato Tasso
    d) Egmont

12. **Wer schrieb das Stück „Die Räuber"?**

    a) Johann Wolfgang von Goethe
    b) Friedrich Schiller
    c) Gotthold Ephraim Lessing
    d) Wilhelm Hauff

13. **Welcher Künstler malte die „Mona Lisa"?**

    a) Pablo Picasso
    b) Michelangelo Buonarroti
    c) Salvador Dali
    d) Leonardo da Vinci

TIPP: Wenn Sie nicht ganz sicher sind, gehen Sie nach dem Ausschlussverfahren vor und kreuzen Sie auf jeden Fall eine Antwort an.

14. Wie heißen die Stimmlagen der Männerstimmen, absteigend nach der Höhe sortiert?

a) Sopran, Bass, Tenor
b) Tenor, Bariton, Bass
c) Bariton, Tenor, Bass
d) Alt, Tenor, Bass

15. Woraus besteht eine Nordische Kombination?

a) Skisprung und Skilanglauf
b) Skilanglauf und Schießen
c) Slalom und Abfahrt
d) Skiflug und Slalom

4. Sprachgefühl

Abkürzungen

Wofür stehen folgende Abkürzungen? Kreuzen Sie alle richtigen Antworten an.

1. a) Mofa = Montagefabrik
   b) ABS = Autobahnschnee
   c) FAZ = Frankfurter Allgemeine Zeitung
   d) DIN = Deutsches Institut für Normung

2. a) IHK = Industrie- und Handelskammer
   b) AGB = Angestelltengesetzbuch
   c) USA = United States of America
   d) EU = Europäische Universität

3. a) BASF = Badische Anilin- und Soda-Fabrik
   b) PS = Pendelstrom
   c) BVerfG = Bundesverfassungsgericht
   d) VW = Volkswagen

Wortbedeutungen

Welches der vier Wörter passt nicht zu den anderen?

1.
   | a) Deutsch |
   | b) Französisch |
   | c) Schwäbisch |
   | d) Englisch |

2.
   | a) Fußball |
   | b) Tennis |
   | c) Basketball |
   | d) Schwimmen |

3.
   | a) Buchstabe |
   | b) Zahl |
   | c) Vokal |
   | d) Konsonant |

Fremdwörter

1. Was bedeutet das Fremdwort „heterogen"?

a) fremd
b) ungleichartig
c) stark erhitzt
d) keimfrei

2. Was bedeutet das Fremdwort „relativ"?

a) verhältnismäßig
b) sehr klein
c) sehr groß
d) verändert

Satzergänzungen

1. Das menschliche Verhalten wird von der ... untersucht.

a) Biologie
b) Zoologie
c) Chemie
d) Psychologie

2. Im Straßenverkehr muss man besonders ... sein?

a) aggressiv
b) mutig
c) schnell
d) aufmerksam

> **TIPP**
> Führen Sie zuerst die Aufgaben und Antworten zusammen, bei denen Sie sich sicher sind.

3. Der Stundenzeiger einer Uhr ist immer … als der Minutenzeiger.

a) länger   b) kürzer
c) dicker   d) dünner

Sinnverwandte Sprichwörter

Welches Sprichwort hat eine ähnliche Bedeutung wie das vorgegebene?

1. „Jeder kehre vor seiner eigenen Türe."

a) Wer anderen eine Grube gräbt, fällt selbst hinein.
b) Wer im Glashaus sitzt, soll nicht mit Steinen werfen.
c) Der Lauscher an der Wand hört seine eigene Schand.
d) Reden ist Silber, Schweigen ist Gold.

2. „Das Glück ist mit den Dummen."

a) Die dümmsten Bauern haben die größten Kartoffeln.
b) Den Tüchtigen hilft das Glück.
c) Scherben bringen Glück.
d) Wer nicht wagt, der nicht gewinnt.

Groß- und Kleinschreibung

Welcher Satz ist richtig geschrieben?

1. a) Aber heute Früh habe ich wieder einen Arzttermin.
b) Aber Heute früh habe ich wieder einen Arzttermin.
c) Aber heute früh habe ich wieder einen Arzttermin.

2. a) Sie hatte fünf einsen im Zeugnis und war zweite im Weitsprung.
b) Sie hatte fünf einsen im Zeugnis und war Zweite im Weitsprung.
c) Sie hatte fünf Einsen im Zeugnis und war zweite im Weitsprung.
d) Sie hatte fünf Einsen im Zeugnis und war Zweite im Weitsprung.

3. a) Als die englische Königin abends in ihr Schloss kam, war das Licht schon aus.
b) Als die Englische Königin abends in ihr Schloss kam, war das Licht schon aus.
c) Als die Englische Königin Abends in ihr Schloss kam, war das Licht schon aus.
d) Als die englische Königin Abends in ihr Schloss kam, war das Licht schon aus.

Rechtschreibung

Welches Wort ist richtig geschrieben?

1. a) Dampflockomotive   b) Dampflockomotife
c) Dampflokomottife   d) Damflockomotive
e) Dampflokomotive

2. a) Renaissanse   b) Renaissance
c) Rennaissance   d) Rennaisance
e) Renaisance

TIPP

Stellen Sie sich die Wörter ausgesprochen vor und überlegen Sie, welches richtig klingt.

Bilden Sie den Plural folgender Wörter.

3. Visum
4. Globus
5. Pizza

5. Mathematisches Denken

Dreisatz

1. **Ein Motorrad benötigt für eine 125 km lange Strecke 22,50 Liter Benzin. Welchen Verbrauch hat das Motorrad auf 100 km?**

2. **In einem Betrieb kommen 60 % der Männer und 50 % der Frauen mit dem Auto zur Arbeit. Wie viel Prozent kommen insgesamt mit dem Auto, wenn dort 60 % Männer arbeiten?**

3. **4 Personen haben ein durchschnittliches Gewicht von 69 kg. Die erste Person wiegt 76 kg, die zweite 61 kg, die dritte 65 kg. Wie viel wiegt die vierte Person?**

Maßeinheiten

1. **Wie viele Stunden und Minuten sind 7200 Sekunden?**

   a) 120 Stunden
   b) 2 Stunden
   c) 5 Stunden
   d) 1 Stunde 20 Minuten

2. **Wie viele Hektar sind 55 000 Quadratmeter?**

   a) 5,5
   b) 550
   c) 55
   d) 5550

3. **Wie viele Kubikmeter sind 300 Liter?**

   a) 0,3
   b) 30
   c) 3
   d) 300

Prozent- und Zinsrechnung

1. **Die Mehrwertsteuer (19 %) beim Kauf eines Fahrrads beträgt 57 Euro. Wie teuer ist das Fahrrad inklusive Mehrwertsteuer?**

   a) 243 Euro
   b) 357 Euro
   c) 300 Euro
   d) 414 Euro

2. **Nach welcher Zeit sind 15 000 Euro auf 20 000 Euro angewachsen, bei einer jährlichen Verzinsung von 5 %?**

   a) 6 Jahre und 216 Tage
   b) 6 Jahre und 260 Tage
   c) 6 Jahre und 220 Tage
   d) 6 Jahre und 8 Monate

Gleichungen

Ergänzen Sie die fehlenden Rechenzeichen bei den Gleichungen, um auf die vorgegebene Lösung zu kommen. Die Rechenregel „Punkt vor Strich" gilt hier.

1. 8 ... 4 ... 1 = 31
2. 2 ... 60 ... 12 = -3
3. 11 ... 20 ... 5 ... 12 = 99

6. Räumliche Vorstellung

Drehungen im Raum

In welcher Position befindet sich der Buchstabe nach der Drehung, wie es die Pfeile der Reihe nach vorgeben? Die Drehungen sind jeweils 90 Grad um die Raumachsen.

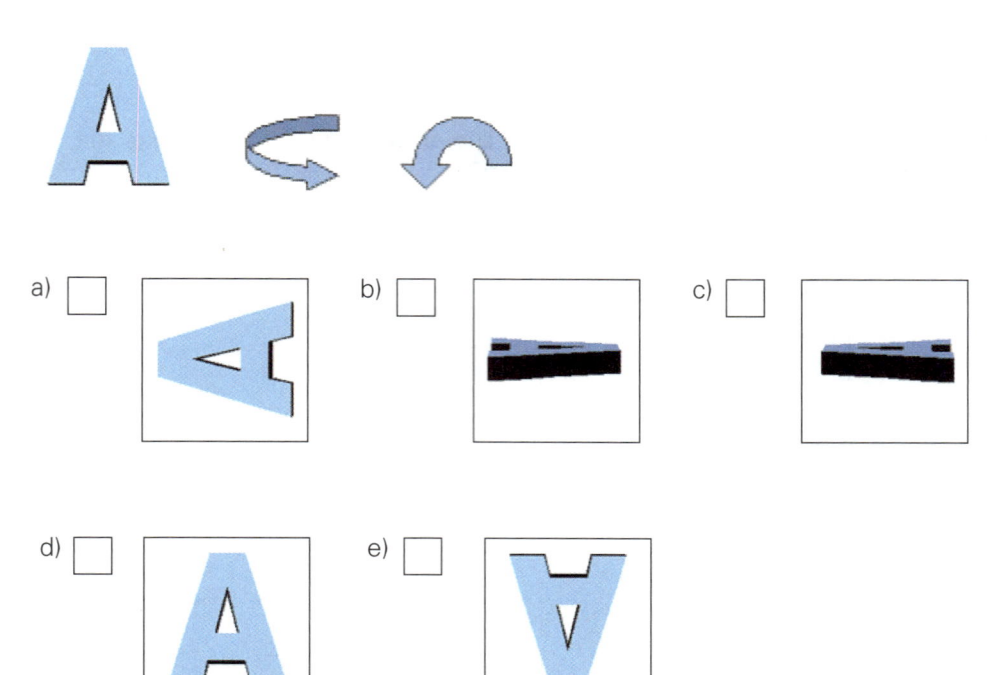

a) ☐   b) ☐   c) ☐

d) ☐   e) ☐

Flächen eines Körpers

Bestimmen Sie die Gesamtzahl an Flächen der vorgegebenen Körper.

1. 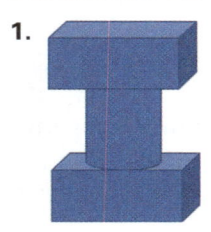   a) 15   b) 12   c) 14   d) 17

2. 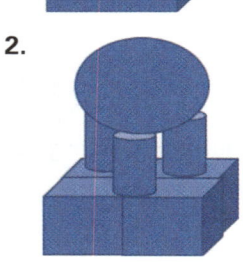   a) 32   b) 33   c) 34   d) 30

3.    a) 31   b) 30   c) 29   d) 32

Spiegelbilder

Welche Figur passt nicht zu den anderen?

1. a)  ☐   b)  ☐   c)  ☐
   d)  ☐   e)  ☐   f)  ☐

2. a)  ☐   b)  ☐   c)  ☐
   d)  ☐   e)  ☐   f)  ☐

Würfelfaltung

1. Welcher Würfel lässt sich aus dieser Vorlage falten?

   a)  ☐   b) 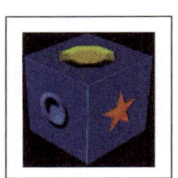 ☐   c)  ☐   d)  ☐

2. Aus welcher Faltvorlage lässt sich dieser Würfel falten?

   a) 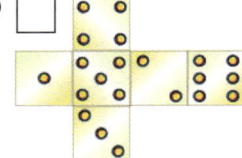 ☐   b) 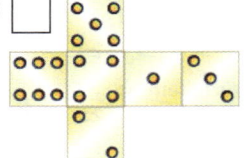 ☐   c) 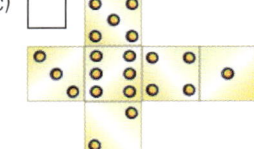 ☐   d) 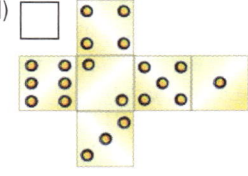 ☐

Lösungen Einstellungstests

1. Logisches Denken

Zahlenreihen
1. 2 +4 6 +6 12 +8 20 +10 30 +12 **42**
2. 16 +7 23 +5 28 +10 38 +11 49 +13 62 +8 **70**
(Quersumme addieren)

Wortanalogien
1. c) Haus 2. b) Fuß

Beziehungen
1. g) Sonntag 2. a) Mutter

Grafikanalogien
1. a) 2. b)

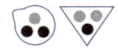

2. Konzentration

Alphabetische Reihenfolge
1. dhabanejdhenahjbekj<u>abcd</u>fgejndnansmjodnbdj<u>wxyz</u>jbdnrnmalmüppkdknshdk<u>jkl</u>ndhadnenduenduend<u>opqr</u>hzfunrucmchdtebnsmnaüskendhabez<u>efg</u>hnmkelodhbezshynmnbabsebdnmeidjnantzbszxtgbsnxhzs<u>stuvw</u>b
2. hnsndnadhendnsj<u>uvwx</u>hdndnbdnmejdkale<u>hijk</u>dnmadnsomemaö<u>defg</u>nbdbanskjneksoxnaknbsjxonbshzebaisbelmans<u>lmno</u>zehbaisjbajsnenakmslxp<u>klm</u>hjdamsidjend<u>hij</u>dnsmalsneisxnmams<u>rstu</u>dbansmensuaylxvn

Kopfrechnen
1. 27 2. 24

Mosaik
1. D 2. C

Additions-/Subtraktionsaufgaben
1. 14 2. 5 3. 22
4. 5 5. 16 6. 17
7. 14 8. 5 9. 14

3. Allgemeinwissen

1. a) 5 bis 6 Liter 2. d) Base 3. b) Ampere 4. a) 4
5. d) Bit 6. b) Soziale Marktwirtschaft 7. d) 9 8. c) Landkreis und Gemeinde
9. b) Konrad Adenauer 10. b) Augustus 11. b) Faust I 12. b) Friedrich Schiller
13. d) Leonardo da Vinci 14. b) Tenor, Bariton, Bass 15. a) Skisprung und Skilanglauf

4. Sprachgefühl

Abkürzungen
1. c) FAZ = Frankfurter Allgemeine Zeitung
   d) DIN = Deutsches Institut für Normung
2. a) IHK = Industrie- und Handelskammer
   c) USA = United States of America
3. a) BASF = Badische Anilin- und Soda-Fabrik
   c) BVerfG = Bundesverfassungsgericht
   d) VW = Volkswagen

Wortbedeutungen
1. c) Schwäbisch 2. d) Schwimmen 3. c) Zahl

Fremdwörter
1. b) ungleichartig 2. a) verhältnismäßig

Satzergänzungen
1. d) Psychologie 2. d) aufmerksam 3. b) kürzer

Sinnverwandte Sprichwörter
1. b) Wer im Glashaus sitzt, soll nicht mit Steinen werfen. 2. a) Die dümmsten Bauern haben die größten Kartoffeln.

Groß- und Kleinschreibung
1. c) Aber heute früh habe ich wieder einen Arzttermin.
2. d) Sie hatte fünf Einsen im Zeugnis und war Zweite im Weitsprung.
3. a) Als die englische Königin abends in ihr Schloss kam, war das Licht schon aus.

Rechtschreibung
1. e) Dampflokomotive 2. b) Renaissance
3. Visa oder Visen 4. Globen oder Globusse 5. Pizzas oder Pizzen

5. Mathematisches Denken

Dreisatz
1. 18 Liter 2. 56 Prozent 3. 74 kg

Maßeinheiten
1. b) 2 Stunden 2. a) 5,5 3. a) 0,3

Prozent- und Zinsrechnung
1. b) 357 Euro 2. d) 6 Jahre und 8 Monate

Gleichungen
1. 8 × 4 − 1 = 31
2. 2 − 60 : 12 = -3
3. 11 + 20 × 5 − 12 = 99

6. Räumliche Vorstellung

Drehungen im Raum
1. c)

Flächen eines Körpers
1. a) 15 2. c) 34 3. b) 31

Spiegelbilder
1. a) 2. c)

Würfelfaltung
1. a) 2. b)

Assessment-Center (AC)

Ein weiterer gängiger Test für die Auswahl von Azubis ist das sogenannte Assessment-Center (AC). Der Begriff kommt aus dem Englischen („to assess" = bewerten, beurteilen). Grundidee ist es, die Kandidat/-innen in vorgegebenen Situationen zu beobachten, die den künftigen Aufgaben entsprechen. Hierbei zählt eher die persönliche Eignung als die fachliche Qualifikation.

Bestandteile eines Assessment-Centers sind in der Regel Rollenspiele, Planspiele, Gruppendiskussionen, Einzelvorträge, Fallstudien und psychologische Testverfahren. Üblich sind diese AC mittlerweile bei Großunternehmen wie Banken und Versicherungen, aber auch bei der Polizei oder im öffentlichen Dienst.

Tipps für ein AC-Auswahlverfahren

- freundlich und offen sein
- Blickkontakt mit den Gesprächspartnern halten
- Interesse zeigen und Fragen stellen
- seine eigene Meinung selbstbewusst vertreten
- die Meinung anderer respektieren
- sich aktiv an Diskussionen beteiligen
- ehrlich sein, kein falsches Wissen vorgeben
- kühlen Kopf und Ruhe bewahren

Onlinetipps

Es gibt im Internet viele Möglichkeiten, Eignungstests zu machen und so noch intensiver zu üben. Auch zum Thema Bewerbung kann man im Internet hilfreiche Tipps finden. Hier einige Links:

- www.planet-beruf.de
- www.azubiworld.com
- www.ausbildung.info
- www.ausbildungspark.com
- www.bewerbung.de
- www.bewerbungsdschungel.com
- www.berufswahl-tipps.de
- www.azubi-azubine.de
- www.jobinspektor.com
- www.azubot.de
- www.stuzubi.de
- www.azubiyo.de

Für die Inhalte der aufgeführten Websites übernehmen wir keine Haftung. Das gilt auch für alle auf diesen Websites angebrachten Links.

Anmerkungen:

Schematisierte Darstellung des Bildungswesens. Die Verteilung der Schülerzahlen in der Jahrgangsstufe 8 für das Jahr 2016 stellt sich im Bundesdurchschnitt wie folgt dar: Hauptschule 10,8 %, Realschule 18,9 %, Gymnasium 36,2 %, integrierte Gesamtschule 16,8 %, Schularten mit mehreren Bildungsgängen 12,2 %, sonderpädagogische Bildungseinrichtungen 4,2 %.
Die Durchlässigkeit zwischen den Schularten und die Anerkennung der Schulabschlüsse sind bei Erfüllung der zwischen den Ländern vereinbarten Voraussetzungen gewährleistet.
Die Dauer der Vollzeitschulpflicht (allgemeine Schulpflicht) beträgt neun Jahre, in fünf Ländern zehn Jahre, und die anschließende Teilzeitschulpflicht (Berufsschulpflicht) drei Jahre.

1. In einigen Ländern bestehen besondere Formen des Übergangs von der Kindertagesstätte oder der Kindertagespflege in die Grundschule (Vorklassen, Schulkindergärten). In Berlin und Brandenburg umfasst die Grundschule sechs Jahrgangsstufen.
2. Beschulung von Schülerinnen und Schülern mit sonderpädagogischem Förderbedarf in inklusivem Unterricht an allgemeinen Schulen oder an sonderpädagogischen Bildungseinrichtungen mit entsprechenden Förderschwerpunkten. Schulbezeichnung nach Landesrecht unterschiedlich. Sonderpädagogische Bildungseinrichtungen mit dem Förderschwerpunkt „Lernen" und sonderpädagogische Bildungseinrichtungen mit dem Förderschwerpunkt „Geistige Entwicklung" haben schulspezifische Abschlüsse.
3. Die Jahrgangsstufen 5 und 6 bilden eine Phase besonderer Förderung, Beobachtung und Orientierung über den weiteren Bildungsgang mit seinen fachlichen Schwerpunkten.
4. Haupt- und Realschulen existieren in nennenswerter Zahl nur noch in fünf Ländern (Baden-Württemberg, Bayern, Hessen, Niedersachsen, Nordrhein-Westfalen). In Bayern trägt die mit der Hauptschule vergleichbare Schulart die Bezeichnung Mittelschule. Die Bildungsgänge der Hauptschule und der Realschule werden auch an Schularten mit mehreren Bildungsgängen mit nach Ländern unterschiedlichen Bezeichnungen angeboten.
5. Die folgenden Schularten mit zwei Bildungsgängen fassen die Bildungsgänge der Haupt- und der Realschule pädagogisch und organisatorisch zusammen: Regelschule (Thüringen), Sekundarschule (Bremen, Sachsen-Anhalt), Verbundene Haupt- und Realschule (Hessen), Regionale Schule (Mecklenburg-Vorpommern), Realschule plus (Rheinland-Pfalz), Regionalschule (Schleswig-Holstein), Oberschule (Brandenburg, Sachsen), Mittelstufenschule (Hessen). Der Bildungsgang des Gymnasiums wird auch an Schularten mit drei Bildungsgängen angeboten. Die folgenden Schularten umfassen die Bildungsgänge der Hauptschule, der Realschule und des Gymnasiums: Integrierte Gesamtschule, Kooperative Gesamtschule, Integrierte Sekundarschule (Berlin), Oberschule (Bremen, Niedersachsen), Stadtteilschule (Hamburg), Gemeinschaftsschule (Baden-Württemberg, Saarland, Sachsen-Anhalt, Schleswig-Holstein, Thüringen), Sekundarschule (Nordrhein-Westfalen).
6. Die allgemeinbildenden Schulabschlüsse nach Jahrgangsstufe 9 und 10 tragen in einzelnen Ländern besondere Bezeichnungen. Der nachträgliche Erwerb dieser Abschlüsse an Schulen des zweiten Bildungsweges und beruflichen Schulen oder durch eine Externenprüfung ist möglich.
7. Zugangsvoraussetzung ist die formelle Berechtigung zum Besuch der gymnasialen Oberstufe, die in der Jahrgangsstufe 9 oder 10 erworben wird. Der Erwerb der Allgemeinen Hochschulreife erfolgt seit 2012 in der Mehrzahl der Länder nach Jahrgangsstufe 12 (achtjähriges Gymnasium). An Schularten mit drei Bildungsgängen wird der gymnasiale Bildungsgang in der Regel nicht auf acht Jahre verkürzt.
8. Die Berufsoberschule besteht bisher nur in einigen Ländern und bietet Absolventen mit Mittlerem Schulabschluss und abgeschlossener Berufsausbildung bzw. fünfjähriger Berufstätigkeit die Möglichkeit zum Erwerb der Fachgebundenen Hochschulreife. Bei Nachweis von Kenntnissen in einer zweiten Fremdsprache ist der Erwerb der Allgemeinen Hochschulreife möglich.
9. Die Fachoberschule ist eine zweijährige Schulart, die aufbauend auf dem Mittleren Schulabschluss mit Jahrgangsstufe 11 und 12 zur Fachhochschulreife führt. Für Absolventen mit Mittlerem Schulabschluss und einer beruflichen Erstausbildung ist in den meisten Ländern der unmittelbare Eintritt in Jahrgangsstufe 12 der Fachoberschule möglich. Die Länder können auch eine Jahrgangsstufe 13 einrichten. Der Besuch der Jahrgangsstufe 13 führt zur Fachgebundenen Hochschulreife und unter bestimmten Voraussetzungen zur Allgemeinen Hochschulreife.
10. Berufsfachschulen sind berufliche Vollzeitschulen verschiedener Ausprägung im Hinblick auf Zugangsvoraussetzungen, Dauer und Abschlüsse. In ein- oder zweijährigen Bildungsgängen wird eine berufliche Grundausbildung, in zwei- oder dreijährigen Bildungsgängen eine Berufsausbildung vermittelt. In Verbindung mit dem Abschluss eines mindestens zweijährigen Bildungsgangs kann unter bestimmten Voraussetzungen die Fachhochschulreife erworben werden.
11. Zusätzlich zum berufsqualifizierenden Abschluss ggf. Erwerb des Hauptschulabschlusses oder des Mittleren Schulabschlusses. Unter bestimmten Voraussetzungen ist zusätzlich der Erwerb der Fachhochschulreife möglich.
12. Fachschulen dienen der beruflichen Weiterbildung (Dauer 1–3 Jahre) und setzen grundsätzlich den Abschluss einer einschlägigen Berufsausbildung in einem anerkannten Ausbildungsberuf und eine entsprechende Berufstätigkeit voraus. Unter bestimmten Voraussetzungen ist zusätzlich der Erwerb der Fachhochschulreife möglich.
13. Einschließlich Hochschulen mit einzelnen universitären Studiengängen (z. B. Theologie, Philosophie, Medizin, Verwaltungswissenschaften, Sport).
14. An Pädagogischen Hochschulen (nur in Baden Württemberg) wird für verschiedene Lehrämter ausgebildet. Im Einzelfall ist auch ein Studium für Berufe im außerschulischen Bildungs- und Erziehungsbereich möglich.
15. Die Berufsakademie ist eine Einrichtung des tertiären Bereichs in einigen Ländern, in der eine wissenschaftsbezogene und zugleich praxisorientierte berufliche Bildung durch die Ausbildung an einer Studienakademie und einem Betrieb im Sinne des dualen Systems vermittelt.
16. Die Studienstrukturreform mit der Umstellung auf Bachelor- und Masterabschlüsse an deutschen Hochschulen ist weitgehend abgeschlossen. Nur eine geringe Zahl von Studiengängen führt zu einem Diplomabschluss.

Stand: Juni 2018

Grundstruktur des Bildungswesens in der Bundesrepublik Deutschland

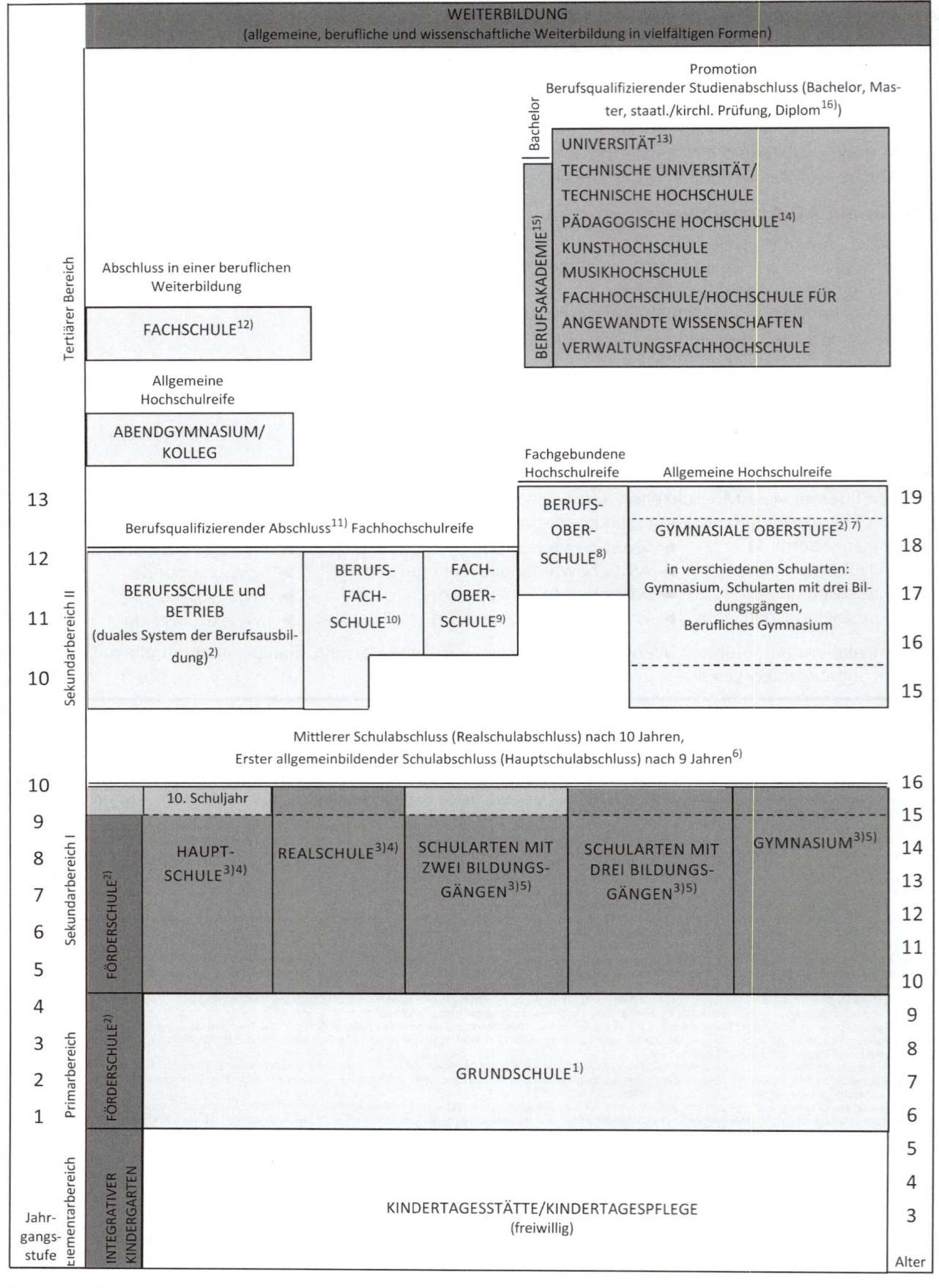

WEITERBILDUNG
(allgemeine, berufliche und wissenschaftliche Weiterbildung in vielfältigen Formen)

Tertiärer Bereich

Promotion
Berufsqualifizierender Studienabschluss (Bachelor, Master, staatl./kirchl. Prüfung, Diplom[16])

Bachelor

BERUFSAKADEMIE[15]

- UNIVERSITÄT[13]
- TECHNISCHE UNIVERSITÄT/ TECHNISCHE HOCHSCHULE
- PÄDAGOGISCHE HOCHSCHULE[14]
- KUNSTHOCHSCHULE
- MUSIKHOCHSCHULE
- FACHHOCHSCHULE/HOCHSCHULE FÜR ANGEWANDTE WISSENSCHAFTEN
- VERWALTUNGSFACHHOCHSCHULE

Abschluss in einer beruflichen Weiterbildung

FACHSCHULE[12]

Allgemeine Hochschulreife

ABENDGYMNASIUM/ KOLLEG

Sekundarbereich II

Jahrgangsstufe						Alter
13	Berufsqualifizierender Abschluss[11] Fachhochschulreife			Fachgebundene Hochschulreife	Allgemeine Hochschulreife	19
12	BERUFSSCHULE und BETRIEB (duales System der Berufsausbildung)[2]	BERUFS-FACH-SCHULE[10]	FACH-OBER-SCHULE[9]	BERUFS-OBER-SCHULE[8]	GYMNASIALE OBERSTUFE[2)7] in verschiedenen Schularten: Gymnasium, Schularten mit drei Bildungsgängen, Berufliches Gymnasium	18
11						17
10						16
						15

Mittlerer Schulabschluss (Realschulabschluss) nach 10 Jahren,
Erster allgemeinbildender Schulabschluss (Hauptschulabschluss) nach 9 Jahren[6]

Sekundarbereich I

Jahrgangsstufe							Alter
10	FÖRDERSCHULE[2]	10. Schuljahr					16
9		HAUPT-SCHULE[3)4]	REALSCHULE[3)4]	SCHULARTEN MIT ZWEI BILDUNGS-GÄNGEN[3)5]	SCHULARTEN MIT DREI BILDUNGS-GÄNGEN[3)5]	GYMNASIUM[3)5]	15
8							14
7							13
6							12
5							11
							10

Primarbereich

4	FÖRDERSCHULE[2]	GRUNDSCHULE[1]	9
3			8
2			7
1			6

Elementarbereich

Jahrgangsstufe	INTEGRATIVER KINDERGARTEN	KINDERTAGESSTÄTTE/KINDERTAGESPFLEGE (freiwillig)	Alter
			5
			4
			3

Herausgeber: Sekretariat der Ständigen Konferenz der Kultusminister der Länder in der Bundesrepublik Deutschland, Deutsche EURYDICE-Informationsstelle der Länder, Taubenstr. 10, 10117 Berlin, Tel. 030 25418-499. © KMK 2018